中公新書 2826

林 浩康著

里親と特別養子縁組

制度と暮らし、家族のかたち

中央公論新社刊

まえがき

里親《さとおや》や特別養子縁組《とくべつようしえんぐみ》は、生みの親と暮らせない子どもたちを自身の家に迎え入れて養育する制度である。妊娠・出産を経ることなく、中途から子どもを養育する。そのような特殊性をもつ制度のもとで、どういった子どもたちが、そこでどのように暮らしているのか、これらの制度の意義や課題は何か、社会はそれをどのように支えるべきか、そうしたことについて本書を通して考えてみたい。

里親は、児童福祉制度に基づき、子どもが生みの親のもとに戻るまで、あるいは社会に巣立つまで一時的に養育する公的養育者であり、里親と子どもは法律上の親子関係にはない。一方、特別養子縁組は養親《ようしん》と子どもが法的親子関係を結び、生涯にわたって関係を維持する。その際、生みの親との法的関係は解消される。

ここである家族を紹介しよう。

両親と4人兄弟の6人家族、しかし子どもたち全員が異なる親から生まれたという石井《いしい》さん家族に出会った。20代の長男（特別養子）、次男（実子）、10代の三男（特別養子）、そして里親として養育する4人目の中学生の男児である。長男と三男は生みの親が育てることができず乳児院で生活した後、この夫妻が里親として我が家に二人を迎え入れ、のちに特別養子縁組をした。小さい頃《ころ》からそうした生い立ちを子どもたちに告知し、継続的に伝えてこられた。以前、長男と三男の二人にインタビューした際、「日々の生活はどうですか？」という質問に、以下のように答えてくれた。

長男　今そのとき、そのときが一番幸せです。大好きだった祖父の会社が倒産して認知症になったり、父が癌《がん》になったり、家族の中でいろんな大変なことがありましたが、みんなで助け合って乗り越えてきたので、自分もきっとやっていけるっていう自信はあります。

三男　朝起こしに来るとき、よく「大好きな○○ちゃん、早く起きて」と母は言ってくれます。そうした何気ないことを嬉《うれ》しく思うことがあります。

長男　冗談交じりでも「大好きな△△ちゃん」と言ってくれたりします。大好きだよ、愛してるよ、うちに来てくれてありがとうとか、出会えて良かったよっていうのを面と向かって言うんじゃなくて、何気ない会話の中で言ってくれます。だから自然に自分は愛されていると感じるようになってきたと思います。

開口一番「今そのとき、そのときが一番幸せです」と言えることや、日々の生活の中でのことばがけに感銘を受けた。血縁のない中途からの養育だからこそ、意識してそうしたことばがけをしたのかもしれない。里親や養親の重要な役割の一つは、大切にされる体験を子どもに提供し、子ども自身が生きる土台としての自尊心を育《はぐく》むことといえる。

一方で、縁組されたすべての子どもたちがこのように幸せに暮らしているわけではない。2歳のときに乳児院から里親委託された後、特別養子縁組された晃《あきら》さん（仮名、23歳）は、自身について以下のように語った。

高校2年の冬に父が怒りに任せて突然自分が養子であることを告げました。他の人よりも明らかに時間をかけて勉強しているのにできないので、父が怒って手を上げて、その流れで告げたと思います。そのとき、養子だから、父はこんなに自分に当たりが強かったのかと思いました。ショックはなかったです。「なるほど」というのが一番の感想でした。

僕が大学4年の夏に帰省した際、ゆっくり時間を取って話せるのはこの夏だけと思い、自分の思いを全部話しました。あの人たちが変わってくれるんだったら、ただ悪く言うだけでは、筋が通らないと思いました。この家族に対して安心できないと伝えました。大学

2年生のときにメンタルヘルスクリニックに通ってたことも話しました。そのときに「あなたたちに助けを求めたいとは思えなかった」と言いました。でも、父は対応は間違っていないと言い張りました。母は流産したことがあるのですが、そのときに産んだ子って自分のことを思い込んでいて、養子っていうことばを出すだけでヒステリーを起こし、それ以上聞けなかったです。

里親や養親となる者の多くは不妊や流産など何らかの大きな喪失感を抱えている傾向にある。それが子どもに対する過度な所有感や期待を強化することもある。成長とともに親の期待に応《こた》えることができず、子どもは自己否定感を抱え、家庭以外の逃げ場や安心できる場がなければ養親子《ようおやこ》関係の悪化要因となる。養子縁組後は一般家庭同様にみなされ、養親や子どもが求めない限りは、社会的に関与することが困難である。家庭は社会から閉ざされた空間であり、晃さんのように生きづらさを抱える場合もある。17歳という多感な時期に突然養子であることを告知され、家庭内で自身の生い立ちについて聞きたくても、それを口にできない状況は辛《つら》く、自身の生きる土台を揺るがす。子ども自身が大切にされていると感じられる養育者に託す責任が社会にはあるが、必ずしもそのような家庭に託されているとはいえない現実もある。家庭養育は養育者が一貫していることが強みだが、一方でそれがリスク要因となることもある。そのことを十分に踏まえて、子どもを託す責任が委託機関にはある。

それでは日本において、里親や特別養子縁組はどのような状況にあるのだろうか。生みの親のもとで育つことができない子どもたち（児童養護施設、乳児院、里親家庭等で暮らす子どもたちの数。特別養子縁組した子どもは除く）は3万3157人（2023年10月現在）、そのうちの約25％の子どもたちが里親家庭で暮らしている。残りの75％強は乳児院や児童養護施設で暮らしている。里親家庭で暮らす割合は、アメリカ、イギリス、オーストラリアなどに比較して極端に少ない。それらの国々では、親元で暮らせない子どもたちの少なくとも半数は里親家庭で暮らしている。オーストラリアでは90％以上が里親家庭である。施設での養育は極めて限られた子どもたちにしか提供されない。日本はそうした国とは正反対の状況であり、施設養育が主流を占めている。

日本での特別養子縁組の成立件数は、近年500〜700件台で推移し、漸減傾向にある。特別養子縁組は里親に比較して、子どもの家庭への帰属意識を促し、永続的な親子関係を確保できるということから、アメリカやイギリスでは、生みの親が存在しない、親族での養育が困難である、あるいは生みの親の家庭に復帰することが困難な子どもたちに対して、積極的に活用されている。

本書は、里親や特別養子縁組の家庭における養育に焦点を絞り、生みの親ではない養育者が子どもを家に迎えて中途から養育する制度の意義や課題について考えることを目的としている。

まず第1章では、親子が別れて暮らさざるを得ない子どもの状況および親や子どもへの社会的支援のあり方について述べ、第2章では、子どもを託す親の事情や現代社会における養育の困難、成育環境が子どもに与える影響、里親・特別養子縁組制度の概要について述べる。第3章では、里親や養親になるための要件や子どもを受託するまでの過程、里親や特別養子縁組に求められている家族像、不妊治療の現実と里親や養子縁組制度との関係等について論じ、第4章では、里親や養子縁組家庭で生活した当事者へのインタビューに基づき、多様な生活体験を明らかにし、その実態や課題について述べる。第5章では血縁のない親子が中途から一緒に暮らし関係形成を図ることの難しさに触れ、親子関係が中途で解消される里親養育不調について論じ、第6章では、子どもの出自を知る権利の意義やその内容、さらにはその権利保障に向けた社会的支援体制のあり方について述べる。そして終章では全章の内容を踏まえ、里親や養子縁組を推進する上での課題について論じる。

本書を通して、里親や特別養子縁組という生き方や制度への理解が深まり、それらがより当たり前の社会となることを願っている。

目次

文中に登場する人物の年齢・所属・肩書き等は原則として取材時のものです。

里親と特別養子縁組

第1章　暮らしに困難を抱える子どもたち

子どもたちの困難

筆者はこれまで、親から分離され乳児院、児童養護施設、里親家庭、養子縁組家庭等で暮らした経験をもつ方々にインタビューを行ってきた。その中から、本章では施設や里親家庭で暮らす以前の生みの親との生活状況について語られている部分を抜粋し、その体験事例をまずは共有したい。名前はすべて仮名である。

玲子《れいこ》さん（24歳）は、幼少期は家族一緒に暮らしていたが、そのときの記憶はほとんどない。玲子さんは「記憶を消しているんだと思うんです」と語る。児童養護施設に入所した経緯については、父親の暴力が原因で母親が幼少期に家を出ていき、その後、父、兄、姉とで暮らしていた。あるとき父親にひどく叱《しか》られて「出ていけ」と言われ、姉と家を出て交番に行き、小学1年生の春休み中に一時保護された。小学2年生の4月から児童養護施設で暮らすことになった。

公太《こうた》さん（21歳）は、小学2年生のときに児童養護施設に入所したが、暴力事件を起こし、非行少年等が入所する児童自立支援施設で生活。その後、児童養護施設に移り、高校に入学するが2か月で中退。再び暴力事件を起こし、少年鑑別所、少年院で生活。退院後、自立援助ホーム（家族と暮らせず、一人暮らしにも無理がある義務教育修了後の子どもたちが生活する施設）や、更生保護施設で生活。ここでも暴力事件を起こし、現在は保護観察中で一人暮らしをしている。

両親と妹と小学2年生まで一緒に暮らしていたが、小さい頃の記憶はあまりない。母親が怒って、椅子《いす》やリモコンを投げてきたり、父親がお酒を飲み暴れて殴られたりした記憶しかない。

小学2年生のとき、両親が家に帰ってこない日が続き、公太さんと妹の2人だけで生活していた。小学校に妹を連れていったときに担任の先生が心配してくれ事情を話したら、その日に妹と一緒に児童相談所に一時保護された。家では卵かけご飯とお茶漬けしか食べたことがなかったので、夕食に出たラーメンの食べ方がわからなかった記憶がある。一時保護から家に戻れるのかという不安が大きかったのを記憶している。

玲子さんは、幼少期における家族一緒の記憶がほとんどない。筆者がインタビューを行った他の人たちからもそうした発言をよく耳にした。「記憶を消していると思うんです」と語ったように、過酷な体験については覚えていない傾向にあることが理解できる。

公太さんのように、多様な養育場所を体験すること自体、大きな不安感や喪失感が積み重ねられる。生活体験が乏しく、ラーメンのすすり方もわからなかった。暮らしの中で学ぶことは多々あるが、そうした体験も乏しく、生活する上での多様な術《すべ》が身に付いていないことが予測できる。体験格差が将来的に及ぼす影響も大きいだろう。

義治《よしはる》さん（35歳）は、両親の離婚後、母親と暮らすが養育が困難となり、4歳のときに児童養護施設に入所。高校卒業まで生活。

両親が帰ってこず、ずっと泣きながら待っていた記憶がある。父親のスクーターの前に乗ってパチンコによく連れていかれ、床に玉が転がってたのを覚えている。両親は頻繁にけんかし、寝たふりをして言い合っているのを聞いていた記憶がある。父親は酒をよく飲み、怖かった。両親が別れた後、母親と東京に出てきてからも、母親がずっと父親のことを悪く言い続けるので、そういうイメージしかない。でも実際に父親から殴られたりはしなかった。母親は夜の仕事に義治さんを一緒に連れていき、グラスにポッキーが入っているのを見て不思議に思った記憶がある。母親が義治さんを育てることが次第に困難となり、児童養護施設で生活するようになった。

浩二《こうじ》さん（23歳）、大学4年生。母親について記憶にあるのは、家を出ていくときの姿だけである。その後父親は覚醒剤で捕まり、父方の親族の家を転々とする生活で、父親とはほとんど一緒に生活しなかった。親族は朝鮮学校の教育を受けていたため、日本の教育を受けさせたくないという思いが強く、小学校には通っていなかった。

中学1年生のときに祖父がやっていた造園会社が倒産し、そこで働いていた父親が失業した。その後父親は就職せず、生活保護を受給しながら父と妹の3人で生活するようになった。父親の金の使い方が荒く、水道、電気、ガスを全部止められて、父親に公園の水をくんでこいと言われ、カセットコンロでお湯を沸かしてお風呂に入る生活であった。ご飯も食べられず、無人販売の野菜を盗んだり、父親から友達やおばさんから金を借りてこいと言われたりしたこともあった。

中学校では居場所もないし、勉強もついていけないので、中学1年生の頃から学校へは行かなくなった。父親が夕方から深夜までお酒を飲んでいて、正座して父親の隣に座っていなければならなかった。その間はご飯も食べられなかったし、トイレにも行けず、ただそこに座って愚痴を聞かされるとか、殴られるとか、そういう生活がずっと続いていた。父親が寝静まってから残った物で飢えをしのぐという生活であった。

義治さんは幼少期、母親には夜の仕事に、父親にはパチンコに連れていかれた。通常子どもが出入りしないこういった場に身を置いていたときの気持ちを話すことはなかった。また両親の言い合いを寝たふりをして聞くというのは、子どもにとっては過酷な体験であろう。浩二さんは中学の頃から父親の酒の相手をさせられ、暴力も受けてきた。親とケア役割が逆転し、感情交流を通した依存体験も十分になされなかったであろう。

美和《みわ》さん（21歳）は、両親の離婚後、父親と生活。高校1年生のときに、父親の身体的、心理的な虐待により里親家庭に一時保護委託され、その後児童養護施設で19歳まで生活。幼少期から感情の起伏が激しい父親を怒らせないようにとつねに気遣っていた。父親が一番厳しかったのはご飯を食べるときで、こぼしてしまったりすると、「出ていけ」と言われてレストランの外に立たされた。母親も父親の顔色をうかがって生きているような感じであった。暮らしは結構裕福で、クリスマスには家の近くのホテルに部屋を取ってパーティーをしたりしていた。学校もずっと私学で、語学ができるようにと幼稚園はインターナショナルスクールに通っていた。でも、そんな裕福な暮らしを楽しいと感じたことはなく、とにかく父が怖かった。

不思議なことに、母親のことを全然覚えていなかった。父親に反抗しない母親が好きではなく、なんで子どもを守らないんだろうと思っていた。母親は突然いなくなったりもしていた。ある日買い物に行ってくると言って出かけたきり戻ってこなくなった。自殺をほのめかすような話もしていた。今思えば、父親の女性関係とかでいろいろと溜《た》まっていたんだろうと思っているが、当時は身勝手な人だなと思っていた。今は母親と関係が途絶えている。

祐二《ゆうじ》さん（30歳）は、足の踏み場もない家で、母親から暴力を受けて育つ。小学6年生のときに里親委託されるが、里親家庭での生活が困難となり、4か月後には児童自立支援施設に措置変更される。1年後に児童養護施設に措置変更され、高校卒業時までそこで生活する。

最も古い記憶は、3～4歳の頃、母親が家で掃除機をかけている場面である。その頃の母親は、最低限の家事はやっていた。しかし小学校入学前から家事ができなくなり、家がごみだらけになった。床が見えないぐらいに積もったごみの上に、布団を敷いて寝ていた。母親は金銭管理もできず、有り金をすべて使ってしまうので、毎朝父親が置いていくわずかなお金で生活していた。父親は母親からの暴力を避けるために、ほとんど家にはいなかったが、2～3日に1度、祐二さんを銭湯に連れていってくれたり、仕事が休みの日にはどこかに連れていってくれたりした。

小学校の高学年頃から自分の家の異質さに気付いていた。友達は祐二さんを自宅に招いてくれるが、その友達をごみだらけの家に招くことはできなかった。ごみの上に敷かれた布団に顔を埋《うず》めて、「このままこの家にいたら、人生どうなるんだ！」と叫んでいた。次第に家を避け、友達の家やゲームセンターで過ごすようになった。夜、仕事を終えた父親がゲームセンターにいる祐二さんを迎えに来て、母親の寝静まった家に一緒に帰る。そんな生活であった。

当初は自分の置かれた環境を当たり前として認識していても、祐二さんのように友人の家に遊びに行った際、自身の家庭環境の異質さに気付き、自己否定感が促されることもある。美和さんも祐二さんも年齢不相応な気遣いや体験を強いられ、本来親にケアされるべき子どもが逆に親をケアする役割を担っている面がある。美和さんは経済的に豊かな生活を送ってはいたが、父親の機嫌を過剰にうかがう生活を強いられ、母親もあてにはできず、親に甘えるという依存体験も叶《かな》わなかった。

子ども期に養育者に十分に甘えられず、依存体験を十分に積めないと、育ちづらさを抱えて青年期を迎えることもある。その結果、反社会的、あるいは非社会的行動が促される場合がある。普通の暮らしの中での生活体験や感情交流を主とした依存体験が十分に得られず、被害体験や喪失体験を抱える者にとっては当然かもしれない。

しかしながら、その後の人生において、家族ではない人との出会い、つながりにより、大きく人生が好転する人たちもいる。子ども時代の体験は後の人生に大きな影響を与えるといわれる一方で、それにより人の一生が決定されてしまうほど、人生の可能性は閉ざされてはいないともいえるだろう。

子どもの思い

子どもは、親から分離される過程で家族との暮らしを失うとともに、住み慣れた住居や通い慣れた学校、友人、持ち物など、親しんだ環境との別れから喪失感を積み重ねる。また先行きに不安を感じるだろう。支援者からどういった説明や対応を受けるかによってもその影響は異なる。

近年、第三者が関与してこうした子どもたちの意見、意向、思いを聞き、代弁的な役割をするアドボケイトの必要性が認識され、国は意見表明等支援員として制度化した。アドボケイトとは、意見や意向に耳を傾け、その声を伝達、代弁すること、あるいはそうした役割を担う人を意味する。もちろん里親や施設に措置する際、児童相談所の職員も子どもの声を聞く役割があるが、子どもにとってはそうした立場にいる者に言えないことがある。一方で、第三者にだからこそ言えることがある。なお措置とは、公的責任において、自治体が社会福祉サービスを利用者に給付する行為（行政処分）である。

また、子どもの声に耳を傾けることは重要ではあるが、自身の声に耳を傾けてもらったり、感情に共感してもらったりした体験がなければ、自身の意見、意向、気持ちを認識し言語化することがうまくできない。先に述べた、子ども時代の暮らしに困難を抱えた人たちは、そうした傾向にあったと考えられる。そのため、意見などを表明する以前に、意向や気持ちを認識し、それを表現するための支援や、意見を形成するための支援が必要な場合もある。アドボケイトは、こうしたことに配慮しながら関与する必要がある。

現在17歳の明人《あきと》さん（仮名）は、4歳のときに里親委託された。ネグレクト（育児放棄）により児童養護施設に一時保護され、その後里親家庭に委託された。当時のことを振り返り、何も説明なく生活の場が短期間に変わることに大きな不安を感じたと語ってくれた。4歳であっても、理解できることばで自身の状況を説明してもらえれば、不安感も緩和されたのではないだろうか。

先に登場した玲子さんは、児童養護施設で世話になった親しい職員だからこそ、苦境を訴えることができないと話してくれた。玲子さんにとって長らく面倒を見てくれていた施設職員は、何かあったら話せる関係ではあったが、一番困ったときには相談できず、いつも事後報告になった。本当に困っているときは、自分一人でそれを抱えていた。職員も普段の仕事で忙しいし、心配をかけたくないし、がんばっている姿を見てほしいと思い、連絡はしなかった。肝心なとき、弱音を吐けるような関係ではなかった。結構仲のいい職員ではあったが、弱音は見せられなかった。自分が最悪の状態のときに施設に行こうとは思わなかった、と語ってくれた。このように、信頼があり、親しい関係であるからこそ、話せないという場合もある。

子どもを里親などに措置する際、子どもの意向や気持ちを丁寧に聞く第三者の配置は諸外国でも普及している。たとえばアメリカではCASA（Court Appointed Special Adovocate）と呼ばれるアドボケイトが、虐待や育児放棄をされた子どもたちに配置されている。また、ユースパートナーが子どもに配置される州もある。ユースパートナーは、自身が親子分離され、里親などに措置された経験をもつ若者である。子どもが好むスポーツや買い物などの活動をしながら、子どもの声に耳を傾け、お互いに境遇を共有することで、子どもが自身の支援計画の作成過程に積極的に関与し、支援に対する満足度を促すとされている。

親子の支援の充実と社会的養護

都道府県等が管轄する児童相談所が受理する虐待相談の多くは、親子分離することとなく、子どもは親と家庭で生活を続けている。その家庭への支援は主に市区町村が担うこととなる。近年、市区町村の支援体制の強化が図られ、ますます市区町村の役割が期待されている。児童相談所は、親子分離を要するなど、より深刻なケースに対応する傾向にある。児童相談所、里親、乳児院・児童養護施設の管轄は都道府県や指定都市等である。

高度経済成長期以降、産業構造が変化し、職住分離が一般化する中で、地域社会における養育機能は一貫して低下してきた。代わって家庭の役割が重要視され、家庭機能の強化策がとられてきた。本来的には地域社会における養育機能の低下という考え方に基づき、養育の社会化を促す支援施策がより重要となってきたが、そうした支援施策が不十分な状況の中で、家庭だけでは十分に育つことができず、里親委託された子どもたちの中には極端に生活体験が不足している子どもがいる。

関東圏に居住する里親の加藤《かとう》さん夫妻（仮名）は、父子家庭からやってきた小学生の子どもがエスカレーターに四つん這《ば》いで乗ろうとしたこと、風呂場《ふろば》でシャンプーを手に出してもそれをどう使うかわからないこと、歯磨きの仕方がわからないことなど、多くの場面で驚かされた。家庭での生活体験が著しく不足している場合、こうした状況に陥ることもある。学校は発達障がい等による行動が目立つ子どもへの対応で精一杯で、おとなしい子どもは放置される傾向にある。通学はしているものの、肝心な学習はほとんどしていないこともある。父子家庭の父親は仕事で手一杯で、子育てに全く関与できない。実家や近隣の人々による支援もない。もう少し早くこの家庭に支援が届いていたらと、加藤さん夫妻は話していた。

こうした子どもへの対応として、生みの親との生活を継続しながら、放課後や週末だけといった限られた時間だけ、施設や里親のもとで生活するような支援は考えられないだろうか。

入所施設や里親がこうした家庭への支援にも乗り出すことで、子どもの安心な暮らしがより促進される。入所施設や里親は在宅で支援を必要とする児童も支援の対象とし、市区町村と連携して親との生活基盤を維持しながら、子どもの養育を一時的に担うことも考えられる。市区町村が主体となり、食事提供や学習支援などの生活支援を伴った学童保育を運営する先駆的な市区町村も存在する。市区町村レベルで子育てを共有する文化を醸成することは極めて重要であり、それが里親希望者の裾野《すその》を広げることにもつながる。

保護者支援や家庭支援の視点は重要ではあるが、待ったなしで成長する子どもの立場を考慮し、子どもへの直接的な支援も充実させる必要がある。「社会は親がきちんと養育できるように親を支援する」という考え方だけではなく、「社会は親とともに子どもを養育する」という考え方が重要である。すなわち、あるべき家庭像に近付けさせるための親へのアプローチだけではなく、家庭に求められる養育機能、居場所機能、生活支援機能、あるいは子どもの依存体験（感情交流）や生活体験の提供機能の社会化を考慮し、そうした機能を担うサービスを創造することが重要である。都道府県と市区町村が連携して、そうした一翼を里親やファミリーホーム（法律上の名称は小規模住居型児童養育事業。養育里親経験者などが、自身の家庭に5～6人の子どもを迎え入れ、養育を行う事業。里親が受託できるのは4人まで）といった家庭養護が担うことで、市区町村レベルでの養育が促されるであろう。

里親制度の活用

2017年に政府の検討会が出した報告書（「新しい社会的養育ビジョン」）においては、市区町村レベルでの子どもへの直接的支援サービスの必要性が指摘され、「ショートステイ里親」の創設が提言された。国はこの提言に基づき、里親をショートステイとして活用することを促している。

ショートステイとは、短期間、子どもを保護者に代わって養育する支援である。約半数の市区町村で実施され、多くは乳児院や児童養護施設において提供されている。利用できる日数や子どもの年齢、料金、送迎の有無などは市区町村によってさまざまである。市区町村内にそうした施設がない場合、他の市区町村にある施設を活用することもある。より身近な場所で利用できるようにするために、里親を活用してショートステイ先を確保することも進められている。他にも児童相談所の一時保護所に代わる「一時保護里親」の創設についても提言され、既にいくつかの自治体では里親家庭をそうした形で活用している。元来、里親の「里」は集落を意味し、里親は「地域の親」を意味することばであった。こうした歴史的経緯を踏まえ、里親は「地域の親」として多様な養育役割を担うことが考えられる。

また、児童養護施設や乳児院に入所している子どもたちに対して、週末、お盆、年末年始など、一定の短い期間子どもを養育する、いわゆる「週末里親」や「三日里親」などといわれる制度が都道府県の独自の制度として運用されている。入所が長期化し家庭復帰が困難な子どもなどに、家庭生活を体験してもらうことを目的に活用されている。

神奈川県内で「三日里親」を14年間続ける女性(56歳)は「家でジュースを飲んだり、大人の晩酌のつまみを一緒に食べたりしながら、ああだこうだと話をする。そんな『普段の生活』が、彼にとって心休まるときなんじゃないかと思います」と話す(ウェブメディア「日経クロスウーマン」2018年10月2日付の記事「親戚の子預かる感覚　短期の里親という選択肢もある」より)。2歳半から定期的に預かり続けている男の子は、もう16歳。普段は児童養護施設にいるが、月1度、週末に3日ほど家に泊まりに来る。

女性は、児童虐待防止に関心をもったのをきっかけに、里親として子どもを迎えたいと考えた。しかし当時は2人の実子が幼く、家の間取りなどを考えても長期的に子どもを迎える余裕はなかった。すると児童相談所から「三日里親ならできるのでは」と勧められ、引き受けた。

子どもが泊まりに来たら、遊園地に連れていったり、一緒に地元のお祭りに参加したりする。家で庭の草取りや料理を手伝ってもらうこともある。「できるだけ心地よく過ごしてもらおうと思っていますが、家族の一員としての役割も果たしてもらうようにしています」と話す（同前）。

普通の暮らしを子どもに提供し、子どもが家庭生活を体験することの重要性が指摘されている。子どもの成長・発達を支える上でこうした支援は重要である。施設以外の場で大切にされる体験を積み、楽しいお泊まり先で疑似血縁的な関係を養育者と形成することは、子どもの社会化や自尊心の向上にも寄与するであろう。

親との関係形成

子どもに支援を届けるには、まず親との関係形成が必要となる。しかしながら支援が必要な親ほど、関係形成が困難な面もある。親自身が虐待被害などの逆境を成育過程で体験し、その影響から人間関係に問題を抱え、適切な距離感で継続した人間関係を形成することが困難な場合もある。

一方で、「関係形成が困難」というのは、支援者側の捉《とら》え方であり、定義づけである。そうした一方的な捉え方から支援者が思考停止状態に陥り、自身の対応の問題を棚上げし、「あなたに問題がある」という認識をもつこともある。「関係形成が困難」とは、支援者側が自身の対応方法の内省を放棄したことばかもしれない。

支援を要する子どもやその親は、先に述べたような成育歴により自身の困難さを実感して言語化することが難しく、「大丈夫」「放っておいてくれ」といったセルフネグレクト（自己放任）状態に陥る事例が多い。「権力とは状況の定義権である」と言われるように、強者に状況の定義権があるとされる。なぜ関係形成が困難なのか、そうならざるを得ない背景に何があるのか、当事者側から状況を捉え直すことで関係形成の方法や支援のあり方が見えてくることもあろう。

いわゆる「普通」でない暮らしを強いられ、十分な依存体験や生活体験を保障されず、自身の感情を認識し言語化することを許されてこなかった者が、他者に助けを求め、自身の困難さを伝えることは極めて難しく、関係形成が困難なことは当然かもしれない。むしろ、自身や他者を傷付け、本人の意思とは無関係に関係の断絶を強いられることもある。支援者の想像を遥《はる》かに超えた「普通でない」成育歴を抱えた者を支援するとき、関係形成が困難な理由やそうした者にいかに関与すべきかを、当事者である親から教わる姿勢も必要である。

支援者は限られた情報に基づいて親や子どもの状況を評価し、支援計画を作成する。当事者の背負ってきた生活状況の困難を認識し、それを親や子どもとともに明確化する作業といえるかもしれない。しかしながら、その生活状況がブラックボックス化している場合もある。多様な立場から情報を収集し、多面的かつ立体的な理解を深めるためにも、親や子ども、あるいは親族等がアセスメント（事前評価）過程に参画することは必要不可欠である。

自身の境遇の異質さ、マイノリティ意識、自身にとって一番気がかりなことを他人と共有できないこと、家庭や地域でそうした気がかりを言語化する難しさなどから、孤独感、不安感、自己否定感が強化され、関係を遮断《しゃだん》したり、あるいは臨戦態勢に身を置いたりすることもある。そうした態度は、支援関係に転換できるチャンスでもある。そうした認識をもちながら、どのように支援関係に転換するかを考えるところに専門性が要求される。ある種の対立関係を克服し、子どもの安全かつ安心な暮らしづくりに向け、親と支援者とがどのように協働関係の形成を図るかが重要な課題といえるだろう。

第2章　親と別れて暮らす子どもたち

「大人の事情」の内容

まずは、親子が別れて暮らさざるを得ない「大人の事情」について考えてみたい。国の調査結果（2023年2月1日現在）によると、里親のもとで暮らす理由は、「母の精神疾患等」、「母の放任・怠だ」、「養育拒否」、「父の虐待・酷使」と「母の虐待・酷使」の合計がいずれも13～15%となっている。乳児院では「母の精神疾患等」が約25%を占め、次いで「母の放任・怠だ」（14・9%）、父母による虐待・酷使の合計（11・3%）である。児童養護施設では父母による虐待・酷使の合計が27・5%を占め、「母の放任・怠だ」（16・4%）、「母の精神疾患等」（14・5%）となっている。

両親ともいないという子どもは少数であり、両親のうちどちらかがいる子どもがほとんどである。相対的にひとり親世帯が多く、親は仕事に従事しながらも経済的に困窮状況にあり、親が子どもの養育に関与できず、ネグレクト状況にある子どもたちが多く存在する。家庭内では秩序やモラルも低下し、多くの子どもたちは基本的生活習慣を身に付けることも、「普通の暮らし」を体験することも困難な状況にある。親の性モラルの低さに翻弄《ほんろう》される子どもたちも多く、日常生活においてそうした場面に継続的に晒《さら》される子どもたちもいる。多くの子どもたちは被害体験をもち、住み慣れた家庭や地域から離れるという大きな喪失感も抱え、里親家庭や施設といった社会的養護で暮らすこととなる。なお近年、「社会的養育」という言葉が使われるようになり、親と離れて暮らす子どもの公的養育の場（社会的養護）と、親子ともに暮らしている家庭への公的支援の双方を含む言葉として捉えられている。

養子縁組民間あっせん機関に子どもを託す親の背景としては、家庭内での虐待、知的・精神的課題、未婚・非婚での予期せぬ妊娠、産前・産後を通して実家からの支援が得られないこと、経済的困窮、若年妊娠などが挙げられる。このように生みの親の多くは、被害体験や喪失体験を抱え、また人間関係にも課題を抱えている。したがって妊娠中の不安定さからリスクを抱える子どもたちも多い。

佳子《よしこ》さん（仮名、36歳）は、自ら助けを求め里親に子どもを託した。佳子さんの父親は酒を飲んではよく暴れた。家族はみな父親の顔色をうかがって生活していた。母親は佳子さんが話しかけたり近づいたりすると、無視したり手で払いのけたりすることもあった。親から愛されているという実感はもてなかった。だから余計にほめられたかった。食事づくり、洗濯を手伝い、勉強もした。「いい子」を続けた。だから子どもが生まれたら、育児も完璧《かんぺき》にするつもりだった。しかし長女が泣くたびに、「あんたはダメな母親だ」と責められているように感じた。夫とのけんかも絶えなくなり、娘が目の前をチョロチョロ歩いただけで、イライラし背中を蹴《け》ることもあった。一度叩《たた》き出すと止めることができなくなった。夫と別居した後、子どもへの虐待はエスカレートし、ほったらかしにもした。これでは本当に殺してしまうと思い、児童相談所に相談した。「お疲れ様」と労《ねぎら》いのことばをかけてもらい、「お母さんは十分やったから、休んで」と言われた。子どもを里親に託し、1年後に引き取った。夫とも同居し、理想の育児をしようとはせず、自分一人で育てなくていい、ダメならまたあの里親さんに頼めばいいと思えるようになると、子どもがかわいく思えるようにもなった

（朝日新聞2003年12月10日の記事「虐待 愛されなかった親たち2」を加工して紹介）。

誰《だれ》しも、我が子をつねに愛《いと》おしく思えるわけではない。子どもへの感情は親自身の成育歴や現在の環境に影響されることもある。どういった環境で育ったのか、すなわち大切にしてくれた人の存在の有無、虐待など被害体験の有無、さらに現在どういった環境で生活しているのか、すなわち家族・親族・近隣関係、経済的状況、支えてくれる人の存在の有無などによって子どもへの感情は変化する。

また、子ども側の要因、たとえば育てやすさや育てづらさ、あるいは親側の育児経験の有無や育児に関する知識の量などが影響を与える場合もある。子どもの行動が理解できないときは子どもをかわいく思えないという声をよく耳にする。子どもの行動の意味や理解が深まることで、愛おしく感じることもある。

こうしたことを踏まえると、子どもへの虐待に至る親にとって必要なことは、具体的な支

援、たとえば経済的な支援、家事支援、子どもの一時預かり、自身の感情に寄り添い共感してもらえる傾聴支援、あるいは過去の被害体験による心の傷への専門的なケアなどである。もちろん、子どもの生命や安全を守るために、強制的に介入し指導を要する局面もあるが、それは支援につなげる契機にすぎないといえるだろう。

子どもたちの育ちづらさ・育てにくさ

子育てのあり方は、高度経済成長期を境目にして大きく変容した。かつて地域社会においては、多様なコミュニティ（共同体）が存在していた。乳幼児期にはあやしてくれる親族や近隣の人々が近くにいた。思春期にはお祭りなどコミュニティの仕事の手伝い、仲間遊び、若者組、通過儀礼といった子どもの社会化を促すシステムがあった。青年期の子どもたちはこれらを介して、協調性や共同体独自の規範意識を身に付けたり、職業教育を受けたりしていた。しかしながら地域社会の状況が変化し、職住分離・性役割分業・核家族を基盤とした近代家族の誕生により、徐々に子どもが地域社会の中で育つことが困難となり、家庭が主体となって子どもの養育を続けなければならない社会となった。こうした状況は、里親や養親による養育にも影響を与えている。

また、先に述べたように里親家庭や施設で暮らす子どもたちには、虐待などの被害体験により、心身に問題を抱えている者も多い。近年、特に脳科学の観点から、被害体験により脳の損傷と脳機能の低下が引き起こされることが明らかとなっている。その結果、学習意欲の低下、無気力、非行、うつ症状などが見られやすく、対人関係に問題を抱え、衝動的でキレやすく感情のコントロールが困難である、また集団行動がとれない、アルコール依存や薬物依存などに陥りやすい、自己否定感が強く他者への共感が困難、などの傾向がある。

実子を育てた経験のある里親の留美《るみ》さん（仮名）は、自分のそれまでの子育て経験が全く参考にならないと実感している。毎日、外で思いっきり遊んでいるのに、お昼寝はしないし、夜も11時過ぎまで起きている。実子が幼いときは、留美さんが病気になると、寝ている枕《まくら》元《もと》でおとなしく遊んでいた。ところが、受託した子どもは自分で玄関を開け、遊びに出ていってしまう。他者から気遣われる体験が十分になく、自尊心が育ってない子どもが他者を思いやることは無理だと実感している。今では、気遣われる体験を積み重ねるしかないと感じている。

実子などを養育した過去の経験が、こうした子どもの養育過程において必ずしも有効に活用できないこともあり、むしろそうした体験が育ち直そうとしている子どもの養育を妨げる場合もある。

成育環境と子どもへの影響

児童心理学を専門とするアメリカのデイヴィッド・エルカインドは著書『急がされる子どもたち』（戸根由紀恵訳、紀伊國屋書店、2002年）で、子ども期を大人の控えの時期としてではなく、人生の一つの段階として見ることとの重要性を指摘し、子どもたちを大人の時代へ早く到着するように急がすことは、人生の尊厳を侵すことであると述べている。すなわち子ども期は大人になる準備期としてではなく、固有の時期として子どもが謳歌《おうか》することが優先されなければならない。子ども期を大人の控えの時期として捉えると、早期の知識注入が優先されることが考えられる。社会生活では学力を中心とした認知能力以上に、表2－1に示すような非認知能力の重要性が指摘されている。

発達心理学を専門とする遠藤利彦《えんどうとしひこ》によると、非認知能力は「自己に関わる心の力」と「社会性に関わる心の力」に分けられ、前者は自身のことを大切にし、適度にコントロールができて、さらに高めようとする心の性質を意味し、後者は他の人を信頼してうまくやっていくための力を意味するとされている。

こうした非認知能力を促す土台となるのは、まず養育者（保護者のみならず、保育者、親族、近隣の人々などを含む）とのアタッチメント（愛着）の形成である。アタッチメント対象は、子どもが不安や恐怖などを感じる危機的状況に遭遇した際、安全基地として逃げ込み、安全

表2－1　非認知能力とその内容

自己に関わる心の力	自尊心・自己肯定感	自分を愛し自分の性質や能力に自信をもつ
	自己効力感	やればできるはずという感覚
	好奇心・意欲	面白いことだと、もっとやってみたいと思える力
	内発的動機付け	心の内側から湧いて出てくる動機づけ
	自制心	自分の衝動を抑え自分の行動をコントロールする力
	グリット	目標に向かって我慢強くやり抜く力
	自己理解	自分自身の特徴や状態などをちゃんと認識できる力
	自律性・自立心	自分の頭で考え自分の意志で決めて自分で行動する力
	レジリエンス	立ち直る力・危機を撥ねつける力
	受援力	適切に助けを求める力
	エモーショナルリテラシー	感情を認知し言語化する力
社会性に関わる心の力	心の理解能力	他の人の心の状態を適切に理解するための力
	コミュニケーションを取る力	心の理解により他人と適切にコミュニケーションできる力
	共感性・思いやり	誰かが困っていたら自然に可哀想と思って助けようとする力
	協調性・協同性	他の人と助け合いながらことを進めていく力
	道徳性	何が良くて何が悪いか判断する力
	規範意識	社会や集団のルールや常識などを理解して守ることができる力

遠藤利彦「「非認知能力」なるものの発達と教育」『発達』170号、2022年5月10日、5頁を一部修正・加工して利用

感や安心感を得ることのできる特定の他者であると同時に、そこを拠点に外界へ積極的に出ていくための基地でもある。たとえば、幼い頃の一人遊びは、安全基地が子どもに内在化しているからこそ可能となる。

アタッチメントは、ある程度一貫した養育者との継続的な情緒的交流や、一方的な指示ではない対話型のコミュニケーション、養育者による日常的なケアの継続で形成される。両親に限らず、多様な他者とも形成可能である。アタッチメント形成が困難であった場合、先に示した非認知能力の獲得が困難となると考えられる。

里親の田代《たしろ》さん夫妻（仮名）は、5歳の子どもを育てている。何か意に沿わないことがあると、ひたすら泣きわめいている子どもの対応に苦慮していた。児童心理司《じどうしんりし》（児童相談所で子どもの心理面を担当する）による助言もあり、感情に寄り添い、子どもに対して感情をことばで伝えることを心がけた。たとえば、子どもを抱くだけでなく、「こうやってぎゅっとすると、気持ちが落ち着いてくるね」など、子ども自身が感じているであろう感情を具体的に表現した。ネガティブな感情にも寄り添い、泣きわめいているときは、たとえば「お気に入りのおもちゃは他のお友達が使ってたから使えなかったね。悲しかったね」など、同様に子どもの感情をことばで表現し、子ども自身の感情を共有した。すると徐々に子どもは、自分の気持ちを理解し、言語化できるようになり、落ち着いた行動をとれるようになった。

アタッチメントは非認知能力の獲得を促し、危機的状態にあるとき確実に助けてもらえるという安心感覚をもつことで、徐々にアタッチメント対象との距離をとることができるようになる。そして、自身で危機を乗り越えるという成功体験を積み重ねることで、生きていく上での確実な自信を培《つちか》うことができる。逆に、危機的な状況で確実な応答が得られない状況の反復は、子どもに無力感などをもたらし、非認知能力の獲得を阻害し、その後の自律・自立も困難となると考えられる。

この土台形成を幼少期から可能とするため、家庭や地域社会における成育環境を保障する理念と、それを具体化する社会的支援体制が重要である。こうした認識に基づき、2016年の児童福祉法改正において、すべての子どもは適切に養育され、心身の健やかな成長・発達やその自立が図られる権利を有することが明確化された。最大限の支援を行った上で、子どもを家庭において養育することが困難である場合、家庭と同様の環境で養育することが原則とされた。家庭養育優先の原則が児童福祉法においても明確化され、そうした環境で育つ子どもの権利が明記された。

家庭養育の要件

しかしながら、どんな家庭でもいいわけではないし、また家庭だけにそうした機能を負わせるべきではない。養育に適した家庭とは、どういった家庭であろうか。「里親及びファミリーホーム養育指針」（平成24年3月29日発出の厚生労働省雇用均等・児童家庭局長通知）は、家庭の要件とその意義について記載している。その内容は以下の通りである。

①一貫かつ継続した特定の養育者の確保

・同一の特定の養育者が継続的に存在すること。

・子どもは安心かつ安全な環境で永続的に一貫した特定の養育者と生活することで、自尊心を培い、生きていく意欲を蓄え、人間としての土台を形成できる。

②特定の養育者との生活基盤の共有

・特定の養育者が子どもと生活する場に生活基盤をもち、生活の本拠を置いて、子どもと起居をともにすること。

・特定の養育者が共に生活を継続するという安心感が、養育者への信頼感につながる。そうした信頼感に基づいた関係性が人間関係形成における土台となる。

③同居する人たちとの生活の共有

・生活の様々な局面や様々な時をともに過ごすこと、すなわち暮らしをつくっていく過程をともに体験すること。

・これにより、生活の共有意識や、養育者と子ども間、あるいは子ども同士の情緒的な関係が育まれていく。そうした意識や情緒的関係性に裏付けられた暮らしの中での様々な思い出が、子どもにとって生きていく上での大きな力となる。

・また、家庭での生活体験を通じて、子どもが生活上必要な知恵や技術を学ぶことができる。

④生活の柔軟性

・コミュニケーションに基づき、状況に応じて生活を柔軟に営むこと。

・一定一律の役割、当番、日課、規則、行事、献立表は家庭になじまない。

・家庭にもルールはあるが、それは一定一律のものではなく、暮らしの中で行われる柔軟なものである。

・柔軟で相互コミュニケーションに富む生活は、子どもに安心感をもたらすとともに、生活のあり方を学ぶことができ、将来の家族モデルや生活モデルを持つことができる。

・日課、規則や献立表が機械的に運用されると、子どもたちは自ら考えて行動するという姿勢や、大切にされているという思いを育むことができない。

・生活は創意工夫に基づき営まれる。そうした創意工夫を養育者とともに体験することは、子どもの自立に大きく寄与し、子どもにとって貴重な体験となる。

⑤地域社会に存在

・地域社会の中でごく普通の居住場所で生活すること。
・地域の普通の家庭で暮らすことで、子どもたちは養育者自身の地域との関係や社会生活に触れ、生活のあり方を地域との関係の中で学ぶことができる。
・また、地域に点在する家庭で暮らすことは、親と離れて暮らすことに対する否定的な感情や自分の境遇は特別であるという感覚を軽減し、子どもを精神的に安定させる。

以上のような要件や意義は、家庭における子どもの依存体験や生活体験を通して具体化される。しかしながら先に指摘したように、こうした要件を家庭が単独で担うわけではない。地域の社会資源、たとえば保育所や学童保育などを通して養育を共有しながら、地域社会とともに担うものである。すなわち要件や意義は家庭の中で具体化されるが、家庭独自の要件ではない。このように捉えれば、家庭で生活しながらも地域の中で子どもたちが育つよう、多様な社会的支援を創出することも極めて重要といえる。

子どもが生みの親との家庭において、こうした要件を満たすことが困難で、成育環境として問題がある場合、その実家庭から引き離され、里親家庭や養子縁組家庭、あるいは施設などで暮らすこととなる。

表2－2　養子縁組と里親の相違

	養子縁組		里親
	特別養子縁組	普通養子縁組	
法的親子関係	生みの親との親子関係は消滅	生みの親・養親ともに親子関係が存在	生みの親が親（親権者）であり、里親とは親子関係はない
子どもの年齢	原則15歳未満	年齢制限はなし（養親より年上は認められない）	原則18歳まで（20歳までの措置延長、その後必要に応じての支援継続は可能）
関係の解消	原則離縁はできない	離縁は可能である	生みの親に戻るか、独り立ち
経済的支援	なし	なし	里親手当は子ども1人当たり月額9万円＋生活費（約5万～6万円）＋教育費など

里親・特別養子縁組制度の概要

このように、本書のテーマである里親や特別養子縁組は、生みの親と家庭で暮らすことが困難な子どものための制度である。児童養護施設や乳児院が施設養護と呼ばれるのに対し、里親家庭は、子どもたちに新たな家庭を提供するという意味で家庭養護といわれる。

養子縁組家庭は、養子縁組里親（養子縁組を前提とした里親）として子どもを養育する間は社会的養護に位置づけられてはいるが、縁組成立後は一般家庭同様にみなされ、社会的養護としては捉えられない。表2－2に示すように、里親と養子縁組の違いは里親・養親と子どもとの法的関係である。社会的養護で暮らす子どもたちの親権者は、基本的に生みの親が存在する場合は生みの親となる。現在、社会的養護の場で暮らす子どもたちの

90%以上は生みの親が存命している。一方、養子縁組は法的に親子関係になり、親権者は養親となる。里親は生みの親のもとに戻るか、独り立ちするまでの一時的な関係であるのに対し、養子縁組は永続的な関係となる。里親は社会的養護の担い手として里親家庭に特化した経済的な支援を受けるが、養子縁組家庭に特化した経済的な支援は存在しない。

特別養子縁組と普通養子縁組の相違は、生みの親との法的関係の有無である。特別養子縁組では、子どもと生みの親との法的関係は解消されるが、普通養子縁組では、生みの親との法的関係も維持される。生みの親の相続権や扶養義務が子どもにあり、将来的に何らかの影響を受けることが想定される。また特別養子縁組の場合、養子の年齢が原則15歳未満の子どもに限定されている。

さらに、普通養子縁組は養親と養子の協議により関係を解消できるが、特別養子縁組は双方の意向だけでは関係を解消できない。普通養子縁組の場合、子どもが犯罪を犯し、養親から関係を解消されたというケースもあるが、特別養子縁組では実の親子と同様に一方的に関係を解消することはできない。そうした意味でも強固な永続的な関係が維持されるといえ、それだけに縁組には慎重でなければならない。特別養子縁組成立には6か月以上の試験的な養育期間が必要であり、戸籍も実の親子関係同様の記載になる。

第3章　里親・養親になる

子どもの受託方法

本章では里親や養親となる方法、子どもを受託するまでの過程や委託を推進する上での課題について述べたい。

養親として子どもを受託する方法は二つある。養子縁組を希望する場合は児童相談所に里親登録し「養子縁組里親」として子どもを受託するか、養子縁組民間あっせん機関を介して養子となる子どもを受託するかである。また養子縁組はしないが、里親として継続的に子どもを養育するには、児童相談所に「養育里親」として里親登録する必要がある。

児童相談所は都道府県や指定都市等が設置主体であり、２０２４年４月現在、全国に２３４か所存在する。児童相談所は子どもに関する多様な相談に応じる機関である。たとえば非行、障がい、不登校、虐待などの養育上の問題に対応し、里親委託業務以外に一時保護、施設措置、家庭への介入や支援などを行う。児童相談所を介して子どもを受託する場合、居住地を管轄する児童相談所に問い合わせる必要がある。しかしながら社会的には虐待対応機関というイメージが強く、児童相談所に里親や養子縁組について尋ねることに抵抗を感じる者も少なくない。

一方、養子縁組民間あっせん機関は全国に22機関存在し（うち都内に5機関。２０２４年４

月1日現在）、児童相談所と異なり日本国中のすべての人たちに対応している。したがって、どの機関から子どもを受託したいのかを検討する必要がある。どの機関も「妊娠葛藤《かっとう》相談」を受け付けており、予期せぬ妊娠、未婚、若年妊娠、経済的問題、実家の支援を受けられないなどの理由から自身で育てることが困難な生みの親が相談に訪れる。そこで生みの親が自身で育てることが無理だと最終的に判断し、養子として子どもを託すことに同意した場合、養子縁組民間あっせん機関から養親希望者に子どもが委託される。

なお、児童相談所を経て子どもを受託する場合は費用はかからないが、養子縁組民間あっせん機関を経て子どもを受託する場合、一定の手数料を支払わなければならない。その額は100万円以上に及ぶこともあり、35万～40万円を上限に助成している自治体もあるが、その数は少ない。

養親・里親となるには

児童相談所を通して養親・里親となるためには、まず里親登録を申請する必要がある。里親の認定要件は、法令等に基づき以下のように定められている。

- 里親や養子縁組を必要とする子どもの養育についての理解や熱意、子どもに対する豊かな愛情を有していること

・経済的に困窮していないこと
・研修を修了していること
・里親本人またはその同居人に犯罪歴や虐待歴等がないこと
決してハードルが高くないことが理解できる。

次に里親登録までの流れを以下に示す。自治体により登録までの過程に多少の相違があるものの、一般的に以下の六つのステップを経て登録に至る（日本財団『里親登録までの6つのステップ』を参考とした）。
①児童相談所への問合せ
居住地を管轄する児童相談所へ、里親登録をしたい旨を連絡し、面接の日程調整を行う。
②登録要件の確認
児童相談所で個別に職員から里親制度、里親の登録や子どもの委託、登録の要件などについて説明を受ける。
③認定前研修の申込み・受講
座学や施設実習を数日間受講する。施設実習では、乳児院や児童養護施設での生活体験を通して子どもに関する理解を深める。いずれも夫婦（もしくは同居する養育を補助する人とともに）揃《そろ》って受講する必要がある。

④申請

研修を受講した上で、里親登録をしたいという意思が固まったら、管轄の児童相談所に申請書類を提出する。

⑤家庭訪問

児童相談所などの職員が家庭訪問し、住居環境や家族関係等について、家族全員（同居人含む）から聞き取り調査を行う。

⑥有識者による里親認定部会での審議

児童福祉審議会の里親認定部会で、申請書の内容や、家庭訪問の結果を踏まえて、有識者が審議を行う。

①から⑤までの過程を経て、⑥の審議会における諮問《しもん》結果を踏まえ、知事等が里親として認定し、里親登録される。⑥の審議会の年間の開催回数は自治体によって異なり、年1～2回から6回ぐらいまでさまざまである。開催回数が少ないと⑤までの過程を経ても登録まで長期間を要する。また自治体ごとに登録することから、転居すると再度その自治体で登録手続きが必要となる。

里親登録後子どもを受託する流れ

里親登録後、縁あって子どもを受託することになった場合、その過程を示したのが図3－1である。養子縁組を目的とした里親委託の場合と、養子縁組はせず継続的に里親として子どもを養育する養育里親の場合を分けて示している。

まずは児童相談所が委託の候補となる子どもを決定し、委託先となる里親家庭を選定する。里親候補者に子どもの状況等を説明して、委託の打診を行う。近年はこのような業務を里親支援機関などの民間機関が担う場合もある。候補者が打診を受諾したら、乳児院や児童養護施設など、子どもが生活する場所で面会を行う。その後施設に通い、子どもと交流を重ねる。外出したり里親候補家庭で宿泊したりして委託に向けた準備を行う。こうした交流期間は子どもの年齢、里親候補者のそれまでの養育経験、相互の関係形成のあり方などによりさまざまであり、数週間から数か月まで幅がある。ただし、子どもが新生児の場合、実母が出産した産院から直接、養子縁組里親家庭に委託される場合もある。新生児の場合、子どもの命名について、生みの親がするのか、養親がするのかといった方針は児童相談所によって異なる。また、家庭から一時保護を経て里親家庭に委託される場合もある。

その後正式に委託されると、特別養子縁組を前提とした「養子縁組里親」として子どもを受託した場合、家庭裁判所への申立てを行う。家庭裁判所の調査官により生みの親と養子縁

養子縁組里親として子どもを迎える場合	養育里親として子どもを迎える場合
子どもと家庭のマッチング～委託まで ・候補となる子どもにあった里親家庭を児童相談所が選定。 ・児童相談所が里親に子どもの状況等を説明。 ・子どもが生活している場所で、児童相談所の立会いの下、面会。 ・面会、外出、外泊などによる交流期間を経て、子どもとの関係を築く。 ・児童相談所が里親の意思や子どもの状況等を総合的に判断し、委託の可否を決定。	（同左）
委託中 ・児童相談所が家庭を定期的に訪問。 ・委託中は生活費などが支払われる。	委託中 （期間は子どもの事情により様々） ・児童相談所や里親支援機関等が定期的に訪問。 ・養育にあたっては、児童相談所が里親等と相談し作成する子どもの「自立支援計画」に沿って養育を行う。 ・委託中は里親手当や生活費などが支給される。
家庭裁判所への申立て ・特別養子適格の確認の審判と特別養子縁組成立の審判について、申立てを行う。	
家庭裁判所による調査 （実親・里親双方） ・試験養育期間の状況を基に養親としての適格性などを調査する。	
特別養子縁組の 審判確定・措置解除 ・実親との関係が解消され、養親と戸籍上の親子となる。	措置解除 ・家庭引き取りや子どもの独り立ち等の理由により委託措置が解除される。

図3－1　登録後の受託過程（児童相談所）

組里親双方への調査が行われ、特別養子縁組の適格性や養親としての適格性に関する調査が行われる。審判が確定し縁組が成立するまでは、「養子縁組里親」として養育し、児童相談所などからの定期的な訪問が行われ、養育費が支払われる。6か月程度の試験養育期間を経て審判が確定する。ただし、自治体により家庭裁判所への申立て時期は異なり、試験養育期間を経て申し立てる方針の児童相談所もある。

一方、「養育里親」として子どもを受託した場合、児童相談所や里親支援機関などにより訪問支援が行われる。子どもの自立支援計画が支援者や里親、子どもの意向等をもとに作成され、それに沿って養育が行われ、里親手当や生活費等が支給される。子どもが生みの親との家庭に復帰したり、一人暮らしを始めたりするなどして里親家庭から離れると、委託が解除される。また、里親は5年ごとに登録更新のための研修を受講する必要がある。

里親の種類と想定される家族像

先に述べたように、里親には養子縁組を前提に子どもを受託する「養子縁組里親」、養子縁組を目的とせず一時的あるいは長期的に里親として子どもを養育する「養育里親」がある。これら以外に、生みの親が養育困難な場合、扶養義務のある3親等内の親族が子どもを養育する「親族里親」、虐待を受けた体験をもつ、あるいは障がいや非行歴をもつ子どもを2年を限度に専門的に養育する「専門里親」がある。

　里親委託率が相対的に高い諸外国では、親族里親（kinship care）への委託率が高く、その親族の範囲も日本よりかなり広く捉えられている。たとえば、子どものクラスメートの保護者、クラブのコーチなど、子どもにとって近しい関係にある者も含まれる。アメリカではフィクティブ・キン（fictive kin）、オーストラリアではサイコロジカル・キン（psychological kin）、コミュニティ・キン（community kin）ということばがあり、血縁はないが、子どもにとって近しい大人を意味し、そうした関係にある者への委託が、子どもの最善の利益に適《かな》うと考えられている。したがってこれらへの措置は優先順位としても高く位置づけられている。しかし親族里親は、経済的あるいは健康上問題を抱えがちな祖母といった比較的高齢の女性である場合が多く、社会的支援を要する傾向にある。その支援のあり方が重要な課題となっている。

　日本では、児童相談所であれ養子縁組民間あっせん機関であれ、特別養子縁組による養親となるためには、婚姻関係にある夫婦でなければならない。養育里親に関しては単身であっても一定の要件（自治体によって異なるが、たとえば単親の里親以外に養育を支援できる成人した者の同居など）を満たすことで里親登録はできるが、基本はやはり婚姻関係にある夫婦である。

こうした状況も里親委託率が相対的に高い欧米・オセアニア諸国との違いである。また、アメリカ、カナダ、イギリス、フランス、オーストラリア、ニュージーランドなどでは同性婚が認められており、そうした国々では、同性婚カップルも里親や養親となることが可能である。なお日本では、里親に関しては同性カップルに子どもを委託している自治体もある。子どもが必要とするのは、少なくとも1人以上の養育者で構成される安全で安心のできる家庭であって、養育者が異性カップルである必要は必ずしもない。単身者や同性カップルの中には里親として、あるいは養親として子どもを育てることを望み、適切な成育環境を提供できる人たちがいる。そうした人たちも子どもの養育の貴重な担い手として認めることを検討するべきではないだろうか。

民間機関を通しての受託

ある養子縁組民間あっせん機関での、子どもを迎えるための準備について記載したものが図3－2である。まず機関のホームページから養親希望の申込みを行う。そのあっせん機関により、電話を通して夫婦や家庭状況等について調査が行われる。その後、家庭訪問による調査や研修受講を経て、特に問題がなければ、養親候補者として機関に登録される。民間機関の場合、多くは産院から直接養親宅に子どもが委託されることから、研修内容の中に産院

問合せ
・申込みフォームにて夫婦の概要を記入し、問合せを行う。

↓

電話スクリーニング
・電話で質問内容や子どもに出会うまでのプロセスなどについて説明を受けるとともに、夫婦の基礎的なことのヒアリングを受ける。

↓

登録書類提出
・犯罪の履歴などの照会書類を含む、法令が定める公的書類、及び登録書類等の提出を行う。

↓

研修・実習・家庭調査実地
・法令が定める講義（児童福祉論、養護原理、養育論、養育演習）や育児研修（小児医学、発達心理、養育技術・実習）を受ける。
・産院における新生児実習を受ける。
・夫婦揃って受講する。

↓

待機登録

図3－2　登録までの過程（ある養子縁組民間あっせん機関の例）

における新生児の養育実習が確保されている。

子どもを迎え、特別養子縁組によって親子となるまでの過程を記載したものが図3－3である。まずは民間機関が委託の候補となる子どもを決定し、委託先となる家庭を選定する。養親候補者は産院に2～3日入院して子どもの育児方法を学ぶ。委託後、養親候補者は家庭裁判所に申立てを行う。家庭裁判所の調査官が、生みの親と養親家庭双方に対し、特別養子縁組の適格性や養親としての適格性に関する調査を行う。委託後、助産師による家庭訪問などの支援が行われる。6か月程度の試験養育期

■委託
・子どもと養親候補者のマッチングを行い、委託先を決定する。委託にあたっては、赤ちゃんと夫婦が親子で入院し、医療従事者から育児方法を学ぶ。
・帰宅後、全国の助産師と連携して行われる委託後家庭訪問などがある。

■家庭裁判所への申立て
・特別養子縁組適格の確認の審判と特別養子縁組成立の審判について、申立てを行う。

■家庭裁判所による調査（実親・養親候補者双方）
・試験養育期間の状況を基に養親としての適格性などを調査する。

■特別養子縁組の審判確定
・実親との関係が解消され、養親と戸籍上の親子となる。

図3－3　受託から特別養子縁組成立まで
（ある養子縁組民間あっせん機関の例）

間を経て審判が確定する。

養子縁組民間あっせん機関は産院と連携することで、思いがけず妊娠して出産し、自ら育てられない親の子どもを養親希望者に託す場合が多い。したがって、児童相談所と比較して新生児や乳児といった、より年齢の低い子どもに対応する割合が高い。多くの養子縁組民間あっせん機関は子どもの将来を考え、子どもと養親との年齢差を40～45歳ぐらいに設定している。不妊治療の不成功を経て養親となることを希望する場合、50歳を超えていることも少なくないため、民間機関では養親希望者として申請さえ受け付けてもらえず大きなショックを感じる者もいる。

子どもの命名については、生みの親がするのか、養親がするのか、その方針は機関によって異なる。ある機関では「名前は生みの親からの最後のプレゼント」という方針で、生みの親が命名することを原則としている。親の証《あかし》を子どもの名前に残すということは、養親にとっても子どもにとってもその存在の大切さを認識する上で、必要なことであるかもしれない。

首都圏に住むある夫婦は、以下のような過程を経て、養子縁組民間あっせん機関から子どもを迎え入れた。

夫妻はともに29歳のときに職場で知り合い、交際1年で結婚した。妊娠は自然に任せていたが子どもを授からず、30代半ばにさしかかった頃、まず妻が不妊治療のため受診した。夫も渋々ながら仕事の合間を縫って受診したが、1週間後、無精子症と診断され、大きなショックを受ける。夫婦で不妊治療に取り組むが、痛み、衝撃、動揺、そして落胆を経験することとなった。こんな辛いことをいつまで続けるのか、と思いながら期待と絶望の繰り返しを経て治療を断念する。

その後、子どもを迎える養親の姿を描いたテレビ番組を偶然目にする。養子縁組民間あっせん機関の代表は「特別養子縁組は、子どもが欲しい親が子どもを探すためのものではなく、子どもが親を探すためのものです。すべては子どもの福祉のため、その子に必要な環境を提供するために行っています」と話していた。この放送は、夫婦にとっては衝撃的であった。

しかし放送終了後、それについて夫婦は口にすることもなかった。妻がパソコンで検索して養子縁組民間あっせん機関について調べようとすると、検索履歴で夫も検索していたことを知り、勇気をもって話してみる。相互に意思を確認して、縁組に前向きに取り組むこととなった。養子縁組民間あっせん機関の説明会に緊張した面持ちで参加する。

説明会の前半は子どもへの生い立ちの告知のあり方、子どもと養親との年齢差、共働き家庭でも問題ないのかなどの講義が質疑応答形式で行われ、後半は不妊治療を経て養親となった方々の話が続いた。会場が一体となった感動的な話に、心が大きく特別養子縁組に傾いていった。その後、機関による研修、数度の面接を経て、養親希望者に登録した。それから1年も経《た》たないうちに、子どもを迎えることとなる。新幹線に乗って広島の産院に子どもを迎えに行き、夫婦は新生児と出会う。

「この子のお母さんに会いますか」という産院の職員のことばに、「会いたいです」と夫婦ともに伝え、対面することとなる。夫婦は子どもを抱いてシティホテルのロビーで生みの母、その姉、両親と対面する。夫婦で生みの母に「この子を産んでくれて、ありがとうございました。責任をもって、これからうちで育てていきます」とお礼を言い、沈黙が続いた後、生みの母は「ごめんなさい。ありがとうございます。赤ちゃんをよろしくお願いします」と応え別れた。

夫婦は子どもを朝斗《あさと》と名付け、幼少期から養子であることを告知していた。幼稚園の先生、同級生の親御さんたち、近所の人たちにも伝えていた。養子縁組民間あっせん機関の助言もあり、堂々としよう、隠すことだけは絶対にしたくない、という思いが自然と夫婦にそうさせていた。実母を家族の中では広島のお母ちゃんと呼び合い、進んで実母の話をすることもあった。

これは映画にもなった小説『朝が来る』（辻村《つじむら》深月《みづき》著、文藝春秋、2015年。18年文庫化）のストーリーの一部である。このケースの場合は養親が名付け、早くから縁組したことを子どもに告知し、継続的に実母のことを日常生活において共有している。

不妊治療を経ての受託

里親登録者には不妊治療の経験者が多い。実子に恵まれなかった者や、実子がいても1人で、実子にきょうだいを授けたいという理由の者もいる。実子がおらず里親登録する者の多くは「養子縁組里親」希望である。

近年の晩婚化・晩産化に伴い、不妊に悩む夫婦も増え、日本では不妊の検査や治療を受けたことがある夫婦は、5・5組に1組にのぼるとされている。

しかしながら、すべての治療者が子どもを授かるわけではない。精神的、肉体的そして経済的に多くのコストを費やしたにもかかわらず、子どもを授かることが困難な者もいる。不妊治療がうまくいかず、自分の血を受け継ぐ子どもを諦《あきら》めることは辛い喪失体験でもある。自己否定感をもたらし、自尊心を傷付けられるといわれる。

「産む」から「育てる」への意識転換を図り、里親や特別養子縁組制度を通して子どもを受託するにしても、自身のそうした傷に向き合い、ケアしてもらうことがなければ、親を必要とする子どものための制度という趣旨を心から理解することが困難な面もある。喪失感が子どもへの過剰な期待や、自身の喪失感を埋める道具として子どもを扱うリスクにつながることも否定できない。「まえがき」にも記したように、そうした子どもへの対応が、養子当事者の生きづらさの要因となることもある。

一方で、実子に恵まれないが子どもが欲しい、子育てを経験したいという里親や養親希望者の願望は当然のことであり、そうした願望をもつのは決して悪いことではなく、制度の趣旨の理解とその利己的願望の自覚が重要であるといえる。

筆者はかつて不妊治療者にインタビュー調査を行った際、以下のような知見を得た。

- 不妊治療を開始すると、里親・養子縁組という別の選択肢を考えることが困難となる傾向がある。
- 治療のステップアップ情報は頭に入ってきても、里親や養子縁組の情報に関しては理解が難しく、治療やその成果へ固執する、医療機関の提案に任せる形で治療が継続、特殊化していく傾向がある。

•年齢が高いほど患者の焦りも大きくなる。年齢などで不利な条件の患者は実績ある治療機関に集まり、患者が多い施設ほど医師は多忙である。

•カウンセラーが対応できる患者数は限られており、患者が自ら求めない限り、医療側からの治療以外の情報提供は行われにくい。

こうした知見を踏まえると、まず不妊治療開始前に里親や養子縁組に関する情報を患者に提供する必要がある。医師ではないカウンセラーなど別の専門職が患者個々に情報提供を行ったり、児童相談所や養子縁組民間あっせん機関などと連携して複数の患者を対象に説明会を行ったり、待合室で説明動画を流したり、パンフレットなどを配置・掲示したりするなど、多様な方法が考えられる。治療開始前における里親・養子縁組情報の提供を患者の権利保障の一環として位置づける必要がある。

一方、不妊や妊活ということばは、子どもをもつべきであるという価値観を押し付け、不妊治療に駆り立てる面がある。里親や特別養子縁組に関する情報を提供するとさらに駆り立ててしまうことも考えられる。子どものいない単身での生活やパートナーとの生活も含め、多様な人生を幸せと感じられるあり方が望ましい。不妊治療者に治療以外の方法で子どもを授かる選択肢に関する情報を提供する際、そうした認識を踏まえ、子どもをもたない選択肢を含めて説明する必要があるかもしれない。

子どもを受託した里親

川口《かわぐち》さん夫妻（仮名）が里親になったきっかけは、不妊治療を4～5年続けても子宝に恵まれず、諦めていたときに、電車で目にした里親募集の広告であった。川口さんはそれまで、乳児を育てたいと願っていたが、乳児でなくてもいい、自分は血縁も気にしないと思い、すぐに妻に相談し、児童相談所に電話をした。研修を受講し、家庭訪問による調査を受けて里親登録を行った。

夫妻はもうすぐ6歳になる元気な男の子と3人で暮らしている。出会った2歳の頃は「おとうたん」「おかあたん」と甘えてきて、自分のことを「ちゃん」付けで話していた小さくてかわいらしい子が、今では「お父ちゃん」「お母ちゃん」「あれ買って、これ買って」と駄々をこね、初めて会った子ともすぐ仲良くなり、ずっと走っているような元気な子に育っていた。

時間が経《た》つとともに手がかからなくなり、字も書けるようになり、自転車にも乗れるようになったが、食事のし方については成長しておらず、夫妻にとっての悩みの種であった。交流期間のときから、食事のときに落ち着きがなく、メイン料理は残して、デザートはしっかり食べるという様子に気付いていた。食事前に体を動かしてお腹《なか》を空かせれば食欲が増すと思ったが、それでも効果がない。ハンバーグやカレーなど、子どもなら喜ぶはずのメニューを出しても箸《はし》の進みが悪く、好きな食べ物を聞くと、ポテト、チーズとおやつのようなものばかりで、食べる量も、保育士の妻から見ると2歳児くらいで、足りているのかと心配。今のところ大した病気もせず、近所でも知られたやんちゃ坊主に育っているので、そのうち食べるようになると思うが、食事中、落ち着きのないのには困っている。

里親登録した当時は不安だったと言う夫妻。本当に委託の話は来るのだろうか、どのくらい待つのだろうか、自分の思い描いた子どもと全く違ったとき、うまくいくのだろうか、断ることはできるのだろうかと、ネガティブなことばかり考えていた。半年ぐらいして、最初の話があり、女の子を希望していたが、男の子の依頼であった。それでも、その子に会いたいと返事をしたが、親元に戻れるということで、その話はなくなった。

それから1年ぐらい経った頃、今の息子の話が来た。迷った末、会うことにした。面会前に、写真を見せてもらったが、特別かわいいという感情は湧《わ》かなかった。そして、初めての面会。そのときも、緊張もあってか、「笑うとかわいいかもな」ぐらいしか感じなかった。それが、何回か施設に通って交流しているうちに、だんだんとかわいくなり、早く一緒に写真を撮りたい、3人で公園に行きたいと、特別な感情がふつふつと湧いてきた。その頃になると不安がなくなり、「この子と暮らしていける」と、完全に気持ちが変わった。今では、こねくりまわしたいくらい息子がかわいくて仕方がない。暇《ひま》さえあれば、息子のことばかり考えている状態。思っている以上に、周りの人もサポートしてくれた。

上記の事例は「養育家庭（里親）体験発表集」（東京都）を元に要約したものであり、東京都福祉局のウェブサイト上にこうした事例が多数掲載されている。

この夫妻は不妊治療を経て子どもに恵まれなかったことから里親登録に至った。一方、研修を受講する中で、里親制度は不妊の夫婦のための制度ではなく、子どものための制度であるということを何度も聞かされた。しかしながら頭で理解していても、自身の大きな喪失感に向かい合い、ケアしてもらわなければ、制度の趣旨を心から納得するのは困難なこともある。夫妻がそうした過程を経たかどうかは定かではないが、子どもにしっかり向き合い、子どもの立場を尊重した対応をしているように感じられた。子どもは独立した人格をもつ別個人であって、養親自身の人格の延長線上に位置づけられるべき存在ではなく、ましてや自身の喪失感を埋め合わせるものではない。いかなるときもこうした子ども観をもち続けることが重要であり、そうした認識をもてるよう社会的に支援することが必要であろう。

未委託里親の存在とそれへの対応

一方で、里親登録をしても子どもを受託していない養育里親が全体の約70%、養子縁組里親に関しては約95%に及ぶ。委託されない理由は多様である。何らかの理由で里親側が受託できる状況にないということも考えられるが、受託を希望しているのに委託されないという里親登録者も存在する。里親登録のハードルはそれほど高いものではなく、申請して却下されることはほぼない。欠格事由に該当しない限り、申請されれば自治体は登録せざるを得ず、結果として資質的課題を抱える里親登録者も存在し、未委託のままになってしまうこともある。里親の資質を評価する手法も開発されてはおらず、資質が十分でない場合、どういった方法で資質向上を図るのかというノウハウも十分には蓄積されていない。一方、里親委託率が相対的に高い諸外国では、里親委託機関ごとに登録を行い、研修過程などがスクリーニング（ふるい分け）機能を有し、最終的に申請に至る里親が限定される傾向にある。

また、里親が希望する子どもの年齢、性別などと里親を必要とする子どもとのミスマッチや、里親の高齢化の問題も挙げられる。実際に子どもを受託するのは困難だが、里親登録を辞退するまでには至らない人たちも存在する。これら以外にも、受託希望はあるが、現実的には受託が難しい状況（夫婦ともに仕事が多忙、家族の介護をしているなど）の人もいる。

以下はある未委託里親による手記である（全国里親会の会報、季刊『里親だより』132号

〔2022春号〕より引用）。

　里親登録して約3年が経過しました。未委託里親です。登録して何度か打診がありましたが、最終的に実親《じつおや》の同意が取れず、委託には至っていません。何年もの間、子どもを自分の元で育てることのできない実親でも強い力を持っていて、日本では親権が強すぎると痛感しています。

　子どものためにと熱意を持って里親登録をしましたが、委託を待つのにも少々疲れました。人間は、何も任されない、何もしない状態では何年も熱意が続くはずはないからです。

　国は「里親登録者数、里親委託率を増やせ」と言っていますので、自治体も里親啓発活動を必死に行い、新規里親登録者数は毎年増加傾向です。しかし、里親数だけ増えても未委託里親が減らないのなら、全く意味がありません。

　私は、登録5年後の里親更新研修は、このまま未委託であれば、更新はしません。委託がないのであれば、実習を含む数日に渡る更新研修をわざわざ受け、登録し続ける意味がないからです。

　このまま未委託里親問題が解決しないのであれば、将来的に辞めていく人が増え、いくら啓発活動をして、新規里親を増やしたところで、里親総数は減ると思います。とてもったいない話です。

自治体によって、里親委託率は4倍以上の大きな差が開いています。その差は何が違うのか、もう一度見つめ直す時期でしょう。未委託里親に委託できない理由を実親や里親自身のせいにせず、もっと民間機関や公的なサポートの活用をうまく使っていけば、未委託里親問題は解決できるのではないでしょうか。

未委託期間が長期化することで、子どもの受託の意欲も低下し、せっかくの里親希望者を失うこととなる。大きな社会的損失である。家庭を必要とする子どもたちが多く存在する中で、こうした問題の解決に向けた取り組みは不可欠である。

問題への取り組みに関しては、マクロな視点（理念の徹底、体制のあり方）とミクロな視点（実践のあり方）に分けて考えることができる。前者のマクロな視点については、家庭養育優先の原則や永続的な暮らしの保障（161頁）の徹底とそのための体制づくりが重要となろう。

後者のミクロな視点に基づく未委託里親に向けた取り組みとしては、①登録に至る過程でのスクリーニングのあり方、②未委託里親への委託推進の取り組み、③未委託里親を有効に活用するための取り組みや未委託里親への動機づけを維持するための取り組みに分けて考えることができる。

①については、研修過程、あるいは調査やアセスメント過程において適性を見極める機能をもたせ、登録に至る過程においてスクリーニングする取り組みが考えられる。

②の取り組みとして、養子縁組に関しては、国は通知や法令を通して児童相談所と養子縁組民間あっせん機関において養親希望者が見つからないケースについて連携を求めてきた。すなわち、養子縁組民間あっせん機関から児童相談所に連携・協力を求めた場合、児童相談所は管内において養親希望者を探すなど、可能な限り日本国内において子どもが養育されるよう協力すること、また児童相談所からも養子縁組民間あっせん機関にあっせんを依頼することとされている。なかでも、子どもに障がいや疾病《しっぺい》があるケースや外国にルーツをもつ子どもなどで配慮が必要なケースでは、適切な養親希望者は限られる可能性が高く、他の都道府県等の児童相談所や養子縁組民間あっせん機関と連携して、相互に養親希望者を探すことや情報提供を行うなど、子どもの利益のために積極的に協力することが求められている。

こうしたことを踏まえ、児童相談所と養子縁組民間あっせん機関との連携のみならず、児童相談所間の連携や養子縁組民間あっせん機関間の連携を深めることは、未委託世帯数を減らし、子どもの委託の推進に大きく寄与する。また養子縁組のみならず、こうしたノウハウの蓄積は養育里親委託にも応用でき、管内にとどまらず自治体を超えた児童相談所間の連携を深めることで、未委託の養育里親を減らすことも期待できる。このような連携を行う上で、各自治体あるいは各養子縁組民間あっせん機関ごとの里親あるいは養親候補者としての登録のあり方を検討する余地もある。いったん登録すれば、全国でそれを有効とすることが、登録とこうした連携を矛盾なく行う上で必要ではないだろうか。

③の未委託里親の活用や里親への動機づけを維持するためには、各自治体ではさまざまな取り組みを行っている。たとえば、レスパイトケア（養育者の一時休息のための子ども預かりサービス）先、ショートステイ先、週末里親先となることを積極的に紹介したり、未委託里親を対象とした研修を開催したり、里親同士の交流に招待したりなどである。

ある自治体では、里親会が介在し、未委託の里親を既に委託されている里親家庭に案内し、交流するという取り組みを行っている。１歳前に養育を始めて、２歳半になる子どもを育てている里親家庭に、木下《きのした》さん（仮名）と妻は案内された。子どもはとてもリラックスしていて、夫妻を迎え入れた。子どもは初めのうちは里母《さとはは》と遊んでいたが、途中から、「おじちゃんも遊ぼう」と言って、木下さんに声をかけた。すると、背筋がピシッとしていた木下さんがだんだん背中を丸めて、子どもと視線を合わせるようになって、コミュニケーションが自然にできるようになった。あっという間の５時間だった。子育て中の里親夫妻は、委託直後からの育児記録や、子どもが大好きな絵本なども見せてくれた。木下さん夫妻の不安に対して、里親夫妻が対応することで、その不安感も緩和された。

また、家庭生活の経験がほとんどない非行傾向にある男児を16歳から20歳まで養育した里親宅に3組の未委託里親が案内された。実子との葛藤やバイト先でのトラブル等があったものの、今では里親家庭を実家のように頼りにして自分で選んだ仕事を続けているという話から、里親夫妻の度量の大きさや社会的養育の本質を理解したという声が聞かれた。

このように未委託の里親の動機づけを維持するために、ショートステイ先や週末里親として子どもの養育に携わる者を増やすことは、社会的養育観の醸成や、里親希望者の裾野を広げることにもつながる。さらに里親の経験談を聞くことも、事前の準備として有効であるといえる。未委託里親を貴重な人材として、その動機づけを維持する取り組みが、どの自治体においても重要となっている。一方で、こうした未委託里親への対応やその活用のあり方だけではなく、現行の里親登録や研修のあり方を含め検討する必要もあるといえる。

第4章　里親・養子縁組家庭での暮らし

親元を離れて暮らす子どもたち

さまざまな理由により親から分離される子どもたちは、児童相談所の介入により、まず一時保護される。親による虐待が理由として最も多い。とはいえ虐待を理由として児童相談所が対応したケースのうち一時保護されるのは約13%にとどまり、その後家庭に戻る子どもたちもいるため、乳児院、児童養護施設、里親家庭等で生活する子どもたちは、児童相談所での虐待相談対応件数全体の2%弱ぐらいである。またその多くは一時保護の後、乳児院や児童養護施設で生活し、里親家庭で生活する子どもたちは親元を離れて暮らすケースのうちの25%ぐらいである。

里親家庭で生活する子どもたちの約44%は、家庭から一時保護を経て里親家庭に委託されている。次いで乳児院からが約30%、児童養護施設からが約12%である。里親家庭で生活する子どもたちの平均年齢は10歳であり、乳児から高校卒業後相当年齢の者まで幅広く存在する。平均生活期間は4・5年であるが、10年以上の者が約12%を占める。委託当初の平均年齢は5・4歳であるが、15歳以上で委託された者が約8%存在する。

特別養子縁組の場合、これまで述べてきたように児童相談所のみならず養子縁組民間あっせん機関も対応している。比較的新生児や乳児が多く、思いがけない妊娠、未婚、若年妊娠、経済的問題、実家の支援を受けられないなどの理由から、生みの親が自身で育てることが困難な子どもたちである。

里親家庭での安心感

保《たもつ》さん（23歳）は両親の服役により2歳のとき、児童養護施設に入所した。小学1年生のとき母親と再会したが、母親は遠くで暮らしていたので、小学1年生の頃から施設の近くの祖父母宅で、年1回ぐらい母親とともに外泊していた。父親と会うことはなかった。

施設では、ちょっとしたことで腹を立て、気付いたら暴力を振るうことがよくあった。小学4年生になり学校に行かなくなった。小学5年生のときに専門的な心理的ケアが必要な子どもたちが入所する児童心理治療施設に1年ぐらい入所し、児童相談所の一時保護所に移る。その後、施設よりましだと思い、「母親のもとで暮らしたい」と児童相談所に伝え、母親たちと一緒に暮らす。

小学校の終わりの頃に一緒に住み始めて、6か月ぐらい経ってうまくいかなくなった。一時保護所に預けられ、それ以降は家庭と一時保護の繰り返しであった。妹が生まれたせいか、ちょっと口答えしただけで母親から怒られた。包丁で脅かされたり、土下座させられたりすることもあった。保さんはストレスから学校で暴力を振るっていた。中学1年生の6月にまた一時保護された。一時保護所では職員の思い通りにならないと怒られた。問題を起こしたら、罰として漢字の練習帳に同じ漢字をひたすら書かされた。非行児童等が入所する児童自立支援施設で中学2年生の6月頃まで生活したのち、精神科病院に数か月入院し、少年鑑別所で3週間生活した。その後、以前とは別の児童自立支援施設で中学卒業まで生活した。そこでは職員と気さくに話ができて楽しかった。

中学を卒業し、母親のところに戻った。児童自立支援施設の入所中に面会はなく、それ以前からも会っていなかったので、2年半ぶりだった。その頃は定時制高校に進学して、昼間はスーパーの品出しのバイトをしていた。給料日になったら、母親に通帳を見られて「なんでこんな安いねん」と言われた。そのとき母親はまた離婚して生活保護を受給していた。毎日パチンコに行って働かず、妹は保育園に行っていた。その送迎を保さんがさせられた。高校に入学して、6月ぐらいまで一緒に生活したが、高校は結局中退して自立援助ホーム（5頁参照）で生活することになった。仕事を探すが、バイトと違って就職となると、15歳ではどこも雇ってくれなかった。結局、自立援助ホームの職員の知り合いの工場で勤務したが、続かなかった。どの仕事も続かず、自立援助ホームから出ていくことになり、とりあえず3日間ある里親家庭で一時的に世話になったところ、のちに正式にこの里親家庭で暮らすことになった。

里親は明るく迎えてくれたが、当初「この人たち絶対怪しいやろう」と思っていた。里母はいつも陽気で、これまで会ったことのないタイプの人であった。住居を転々とするのには慣れており、「この里親家庭しか行くとこがない」と児童相談所に言われていた。受験して高校に通うという約束もしていた。高校では制服のズボンや髪型に至るまで規定され、つねに監視されている感じであった。結局3か月で自分から誰にも相談せずに退学を決めた。

退学して昼夜逆転の生活をしながら友達と遊び、夜バイクでずっと走ったりしていた。警察に捕まって、里親が迎えに来てくれることもあった。里親は「もう好きなようにしなさい」と言ってくれた。些細《ささい》なことでいつもイライラしていて、里親の実子を殴ったりもした。それは問題になったが、里親家庭での暮らしは継続された。

1年ぐらいして工場に勤め始めて、その後2～3回転職した。最初に仕事を辞めたときに一人暮らしをした。その後、写真が好きだったので、カメラマンのアシスタントとして仕事を始めた。結構癖の強い人が多く、最初はムカつくことも多かった。撮れるようになるまでは2年ぐらいかかり、現在はフリーで仕事をしている。思っていたより仕事はそれなりに順調である。里親宅には今でも月1回ぐらいは行っている。

里親の寛容な支え

保さんは、幼少期から養育場所を転々とし、一定の養育者との継続的関係を形成することもなかった。一貫した養育者のもとで依存欲求を十分に充足されることもなく、被害体験が積み重ねられた。そのため感情のコントロールが極めて困難で、暴力が絶えなかった。怒りの塊を抱え、つねに人や社会にイラつく16歳の少年を里親は家庭に迎え入れた。保さんの状況を十分に認識し、待つこと、許すこと、見捨てないことを実行されたように思う。きっと今日までよく生き延びてきたという労《ねぎら》いや共感の気持ちも保さんに対してもっていただろう。

本インタビューはその里親の家庭で行った。現在も里親として子どもたちを受託し、実子や委託された子どもとともに生活している。子どもたちにとって保さんは憧《あこが》れの存在のようで、保さんから離れようとしない子どもたちの姿が印象的だった。居住空間にはゆとりがあり、保さんのインタビューの際、豪華な食事を大きなダイニングルームでいただいた。この豊かな暮らしと寛容さが漂う家庭で、保さんはようやく人に対する信頼感や安住感をもてたのではないだろうか。そうした過程を経ることで、カメラマンのアシスタントとして「癖の強い人」たちとの人間関係や過酷な勤務を乗り越え、カメラマンとして独り立ちできたように思える。

学歴は高校中退だが、学校にはほとんど通えていなかったように見受けられる。普通の暮らしの中で依存体験や生活体験を積むことも、一貫した養育者のもとで安定した家庭生活を体験することもなく、独り立ちだけを要請された。その理不尽さを訴えるための術《すべ》も場も保障されず、生きてきた。周りの支援者もそうしたことを理解しながらも、時間をかけて寄り添い支援する余裕がなく、学業や職の継続だけを要求する傾向にあった。ようやく里親家庭で寛容に見守られ、何があっても見捨てられないという安心感を得られた。

なお最後に、実母に対する否定的な思いを率直に語ってくれた。親を恨み、怒りを抱えながら生きるのは辛いことであろう。しかし里親という別の親に大切にされることで、ようやく親の行為を否定でき、親に対するそうした思いを率直に話してくれたようにも感じられた。里親は、最近保さんが出身の児童自立支援施設でカメラマンとして撮影に携わったエピソードを、嬉しそうに語られた。保さんが実家のように気兼ねなくいつでも立ち寄れる場所の存在は、生きる上での大きな支えとなるだろう。

里親家庭での養育の中断

一方で、里親家庭での生活が不調に終わることもある。第1章（9～10頁）で取り上げた祐二さんは、足の踏み場もない家で生活していた。小学3年生のとき、友達の誕生会があり、帰宅が遅くなった。家に帰ると母親は怒り、シチューを祐二さんの頭にかけた。シチューを水道で流して、次の日登校した。担任の先生が、祐二さんの体や服が汚れていることに気付き、宿直室でシャワーを浴びさせてくれた。その後、母親が祐二さんを連れて児童相談所に通うようになったが結局一時保護された。そこで1か月ぐらい過ごし、家に戻ったが状況は改善しなかった。あるとき児童相談所の職員に「家を出たい」と伝えた。するとその職員は、「施設と里親どちらがいい？」と尋ねてくれた。友達を呼べる場所がよかったので、「里親がいい」と伝えた。

小学6年生のときに里親家庭での暮らしが始まり、里親から雨戸の開け閉めや植物の水やりといった手伝いを頼まれた。自分の希望に応じてくれたので、期待に応えたいと思っていた。でも、できると思っていた手伝いはうまくできなかった。もといた家は雨戸もないし、ガーデニングをすることもないし、そもそも何かを習慣づけて生活した経験がなかった。またあるとき、里親が「あなたが来てから水道代が倍になった」と言った。原因は風呂であった。祐二さんにとっての風呂は、父親が連れていってくれた銭湯であった。そこでは、蛇口をひねれば湯水が使い放題である。それを里親家庭の風呂でもやってしまった。できると思っていたことができず、迷惑ばかりかけていると感じていた。次第に里親の家での居場所を失っていった。

里親家庭で暮らすようになって、ゼロから友人関係を築かなければならなかった。当時流行《はや》っていたシャーペン（シャープペンシル）をクラスのみんながもっていたので、自分も欲しいと思った。友達を作るきっかけになるかもしれないと思ったが、迷惑ばかりかけている里親に、「シャーペンを買ってほしい」とか「小遣いをください」とは言えなかった。祐二さんは里親の貯金箱からお金を盗んだり、シャーペンを万引きしたりした。そのことが発覚し、「うちでは見られない」ということになり、4か月で委託解除となった。

しかし、里親家庭でうまくいかなかったことは、建設的に捉えることができた。それは里親家庭で生活することを自分で決めたからだ。もし児童相談所の職員に行き先を一方的に決められていたら、失敗を児童相談所の職員のせいにしていた可能性があった。

その後、非行児童等を対象とした児童自立支援施設で生活した。これまで何かを習慣づけて行動する経験がなかったので、規則正しい生活を送ることができてよかったと思っている。集団生活の中で人との関わりも学んだ。約1年間生活したのち、児童養護施設に移ることになった。

学校では「学園の子」と言われるのが辛くて不登校になった。昼夜逆転の生活になり、荒れていた時期もあった。そんな状況を見かねた施設職員が、全国子ども連合会（子ども会）のボランティアに誘ってくれた。全県から集まってくる人たちには、自分が施設暮らしであることを伝えなくてもよく、すぐに友達ができた。施設で暮らしていることは隠したい事実でありながら、アイデンティティ（自己同一性）の大きな部分を占めていた。しかしそこにとらわれない新たな自分が生まれて、自尊心が回復していったように思えた。

最も大きな影響を受けたのは、大学生の存在であった。中学のときから大学生と接点があり、一緒に活動していた。大学生や大学生活のイメージが膨らみ、大学に行きたいと思うようになった。また将来の目標として、子ども会活動で出会った「青少年自然の家」の職員になりたいと思うようにもなった。いろいろな目的やポリシーをもった団体が集まるプラットホームとして、青少年自然の家は面白いと思った。

大学は推薦入試で、小論文と面接、内申点による評価であった。入試に向けて、国語の先生が毎日のように小論文の添削をしてくれたおかげで、自分の考えを文章にするのが得意になった。また高校3年間、子ども会の活動に取り組んだことが認められて、県から表彰された。そうしたことが評価され、推薦入試に合格することができた。

高校までは施設出身であることを隠していたが、大学に入るとさまざまな人との出会いがあり、生い立ちへのこだわりが薄れていった。大学ではそれまでの子ども会活動だけでなく、子どもと関わるさまざまなプロジェクトに携わった。たとえば、大学のキャンパスに小学生300人を集めてキャンプをしたり、中学生を対象としたオープンキャンパスを運営したりして、大学生活はあっという間に駆け抜けたという感じであった。

就職活動で教育系の企業を受けたが、採用に至らなかった。専門性を高めようと大学院に進み、再び同じ企業を受けたが、やはり採用に至らなかった。路頭に迷いかけていたときに、ある縁で公立中学校の講師として雇用された。その後、教員採用試験に合格し、公立中学校で勤務した後に、祐二さんが入所していた児童自立支援施設にある分教室に着任した。

自身の選択と里親家庭への適応

祐二さんの場合、里親に委託される際、自ら里親家庭で暮らすことを選択したという思いが、里親家庭での不調やその後の児童自立支援施設での生活を前向きに捉えることを促した。子どもの意向を聞くことの重要性とともに、そのことが与える影響の強さを感じた。

祐二さんは、里親家庭に委託された際、過去の辛さを里親には晒せず、最大限里親の期待に応えようとする状況に追い込まれた。一貫した養育者は子どもにとって必要ではあるが、それがこうした状況に追い込む要因ともなり得ることを再認識させてくれた。小学6年生くらいの年齢で里親委託されると、このように里親家庭に過剰に適応しようとすることもある。結局その無理が不調の要因となった。

しかしながら、その後の多様な人たちとの出会いや体験を通して、自身が固執していた思いから解放されていった。特に「学園の子」というまなざしを感じず活動できる場が大きな救いとなった。居住する地域や施設あるいは通学している学校から離れた人や活動との出会いが、意識の変化に大きく寄与している。子ども会活動では、自身の異質さを意識することなく、やりがいや達成感を覚え、大学生をロールモデルとして大学への進学意欲をもつことができた。施設外での成長にも配慮し、さまざまな出会いの場を子どもに提供することの重要性を認識させられる。

家庭養育のリスク

かつて、家庭内の暴力に対しては民事不介入ということで、社会が介入しない時代があった。しかし今は、「行き過ぎたしつけ」を「虐待」、「行き過ぎた夫婦げんか」を「ドメスティック・バイオレンス（DV）」と捉えるようになり、家庭内の暴力に対し、公権力が介入することが当たり前となった。一方で、家庭は周囲から閉ざされ、プライバシーが保障されることで成り立つ。こうした親密な関係と閉鎖性が子どもへの暴力を潜在化・継続化・深刻化させることもある。被害を受けた子どもたちは自己否定感を抱え、被害者としての自覚をもてず、助けを求めることさえ困難な場合もある。

一般的に家庭にもつイメージは「安らぎ、温かさ、一家団欒《だんらん》、居場所、安全、安心」といった肯定的なものだろう。筆者が勤務する大学の授業で学生に家庭のイメージについて尋ねると、ほとんどが肯定的なイメージを口にする。「虐待、DV、束縛」など、否定的なことばを口にする者はほとんどいない。それはどうしてだろうか。多様な要因が考えられるが、たとえば、そうあってほしいという願望、そうあるべきだという規範意識からくるかもしれない。あるいは周りの目を気にして否定的なイメージを口にできない場合もあろう。

家族や家庭については、「普通」を演じ、健全性を表現するようなことしか口にできないこともある。たとえネガティブな側面を口にできたとしても、それは話せる範囲での内容である。本当に話したい、家庭におけるネガティブな内容は言いづらいものである。里親も同様であり、子育てにおいて悩んでいる状況を、率直に他者に伝えるということが困難な面がある。ベテランといわれる里親ほど、そうした傾向は強いかもしれない。相手が児童相談所ならなおさら、そうした傾向が強いのではないだろうか。

子ども自身も家庭内のタブーを敏感に察知し、年齢不相応な気遣いを強いられ、SOSを出しづらい状況に追い込まれることもある。近年話題となっているヤングケアラーは、家庭内で年齢不相応なケア役割を担うと同時に、年齢不相応な気遣いを強いられ、依存体験が十分に積めない状況にある子どもたちである。またそうした自身の状況を認識し、助けを求めることも困難な子どもたちといえるかもしれない。

家庭や家族は、当然のことながら最も安全な場所になり得るが、最も危険な場所にもなり得る。里親家庭や養子縁組家庭も同様である。

里親家庭への固執

悟《さとる》さん（仮名、17歳）は里親家庭でたびたび傷付く体験をした。出生後すぐに乳児院で保護され、その後3歳違いの姉と児童養護施設に入所し、現在3か所目の里親家庭で生活している。小学3年生のとき、実母は母子手帳と手紙を職員に渡し、ストレスや疲れから自殺したと施設職員に聞いていた。

乳児院では、親がいないことがわからず、みんな家族だと思っていた。幼稚園に通い始めて「あれ？　周りの子は親と手をつないで帰るのに、なんで自分だけ4〜5人で、男の人の車に乗って帰るのだろう」と思っていた。「世話してくれる職員は毎日定時で帰るし、誰がお母さんだろう」と思うこともあった。友達と親のことを話していたとき、「今まで5人くらいのお母さんと一緒にご飯を食べたり、中庭で遊んだりしたよ」と言ったら、「それはお母さんじゃなくて、別の人だよ」と言われたのを覚えている。本当のことを知りたいけれど聞けなかった。親がいないと知ったら悲しくもなるし、自分を強く奮い立てていた。

小学校入学前に里親家庭で生活するようになった。姉と一緒に里親家庭と交流したが、姉は施設の方が良かったようで、悟さんだけ里親家庭で生活した。乳児院にいるとき、実の親がいる子が家に帰ったりするのを見て羨《うらや》ましく思っていたので、友達に自分の家族の話をするのが楽しかった。週末には家族で出かけ、誕生日も祝ってくれた。小学4年生のときに、自分が里親家庭で生活していることを友達に言うと、気を遣って「ああ、ごめんね」と言われたりした。「おまえ、親いないんだろ」と言っていじめてくる子もいて、自分は里親にとって本当の子どもじゃないと思うようになり、辛く感じた。

小学5年生の冬に、里父《さとちち》が単身赴任した。里母は看護師で夜勤もあり、里父は会社員で、週末も休みだったので里父と暮らすようになった。転校した学校には馴染《なじ》めず、毎日学校の相談室に通った。家庭では里父とぎくしゃくしていた。里父が家に女の人を連れてくることが何回かあり、それがすごいストレスになり、公園などで時間を潰《つぶ》して家に帰らないこともあった。里父に「この家にいたくない」と言ったら、「実は離婚するよ、新しい奥さんができるから」と言い始めて、もうついていけないと思った。結局、里親家庭を出て児童養護施設で生活した。しかしすぐに児童相談所や施設職員に里親家庭での生活を希望し、中学生になってから別の里親家庭で生活した。それ以来「家族ありという肩書」だけあればいいと、思うようになった。

新たな里親家庭は非常に厳しかった。勉強時間が決められ、遊ぶ時間はほぼなく、ゲームも禁止され、休日に出かける服も決められた。テストの点数が悪かったりすると「床で食べなさい」と言われ、テーブルの下でトレーを床に置いて正座して食べさせられた。その頃はそれが当たり前だと認識していた。「前の里親家庭を自分から出ていったから、自分で責任を取らないといけない。自分はそういう身だから、黙って受け入れなきゃいけない」と思った。

児童相談所の職員などは全然あてにしていなかった。言ってもどうせ変わらないと思っていた。かつて里親と三者で面談することになったとき、里母が「うちの子は勉強もスポーツもがんばっているし、私たちの言うことも聞いてくれるし、本人も生活には不自由してないと思います」と話しているのを見て、その態度の違いに驚かされた。「人間ってこんなごみなんだ」と思い絶望した。

午後10時が就寝時間で、里父はそれ以降に帰宅するので、あまり会わなかった。10時には部屋の外に付けてある鍵《かぎ》を閉められた。トイレに行くときは壁をコンコンと叩いて開けてもらった。里親の実子たちも、この子は拾われた子だから自分には関係ないという感じで接してきて、一切会話をしなかった。家族とは必要最低限の会話しかしなかった。

恥ずかしい気持ちもあり、こうしたことを誰にも言えなかった。どうにか辛抱して、普通の暮らしをしているように見せたかった。高校の進路調査票を里母に渡したとき、目の前で破り捨てられて、「あなたは高校に行くお金もないし、中卒で働くのよ。私たちに感謝して家にお金を入れるべきだと思うけど」と言われ、初めて反発した。大泣きしながら交番に行き、「この家族は最悪です」と言い、過去のことを話した。

その後、以前いた施設や児童相談所の職員、里親、警察とで話し合った。そこで里母は「それは被害妄想だ」と言い始め、悟さんは過呼吸を起こして何も考えられなくなった。家に戻るか戻らないかを聞かれて、「戻りません」と答え、結局また児童養護施設で暮らした。また高校に通わせてもらえるような里親を探すように職員にお願いした。悟さんには夢があったので、その夢を叶えたい、絶対に諦めたくないと思い、高校に行くと決心していた。その夢は小学校の先生になることだった。

中学卒業前に新たな里親家庭で暮らし始めた。「ザ・ノーマル」な家族だった。実子が2人いて、自分をかわいがってくれたし、休日は家族で出かけた。勉強については「ほどほどにがんばればいいよ」といった感じだったので、自分の好きな部活動もでき、夜遅く帰ってきても怒られないし、自由な時間は多くて、初めて「これが自由だ」と感じた。でもそのときはある種、自分の中では一線を引いていた。この人たちは偽善者だと思い、心底信じてはいなかった。家族の前では、かわいがってもらえるように接した。

しかし今は「お母さん」とか「お父さん」と普通に気安く呼べるようになったし、心は開いている。この家族は以前の家族とは違うと思うようにもなった。悟さんがバスケットボール部でインターハイに出場したとき、家族全員で応援に駆け付けてくれた。「小さいときの写真とかはないけれど、ここでの生活がスタートだよ」と家族が言ってくれて、「大切な家族の一員だからね」と言って、アルバムを作ってくれた。嬉しくて泣いた。

今は結婚して自分の家族を欲しいとは思わない。これまで家庭に憧れ、そのイメージを壊さないよう自分を合わせてきたから、本当の愛というのを自分は育めないと思って怖くなることがある。自分の家族をもったら、自分も偽善になってしまうと思っている。今は確かに自分は愛されているけれど、どこか満たされない感じもしている。

生き続けるための思考

悟さんは、耳を疑うような里親家庭での体験を淡々と落ち着いた口調で語ってくれた。最初の2か所の里親家庭では、憧れが幻想となった。孤独な状況下での体験はあまりに過酷であった。自己否定のスパイラル、『家族ありという肩書』だけあればいい」という家族や家庭への形式的固執、「この人たちは偽善者だと思い、心底信じてはいなかった。家族の前では、かわいがってもらえるように接した」という他者への割り切った思い。過酷な体験がそうした認知形成に影響を与えた。幼いながらも自身の境遇を理解し、辛さを抱えながらも誰とも共有してもらえず、懸命に生きるための思考を自分なりに身に付けて生きてきた。今後の人生の中で、最後の里親家庭のように悟さんのことを大切に思ってくれる人との出会いを積み重ねることで、その思いも変化していくことと信じている。

一方で、人間の潜在的可能性や危機を撥《は》ねつける力ともいえるレジリエンスも再確認できた。夢をもち続け、それに向けて努力できる悟さんの姿に、人間の可能性も感じた。現在の里親家庭では勉学の意欲を高め、着実に夢の実現に向け歩んでいる。

社会的養護の場が子どもにとって辛い体験となった場合、子どもの声は潜在化する傾向にある。支援者がそうした潜在化した声や気持ちに寄り添い、子どもが表現できる関係を形成できればいいが、子どもにしてみれば関係の深い支援者には言えないこともあるだろう。逆に関係のない第三者だからこそ言えることもあるだろう。子どもに関与する多様な支援者が、そういったことを認識して対応する重要性も感じさせられる。

里親家庭での過酷な体験

睦美《むつみ》さん（27歳）は、4歳から10年間同じ里親家庭で育ち、中学2年生のとき児童養護施設に措置変更となった。両親は睦美さんが生まれてからすぐに離婚し、母親と、父親違いの兄の3人で住んでいた。母親は家にほとんどおらず、部屋が散らかっていたのをぼんやりと覚えている。結局母親が病気で育てられなくなり、4歳のときに里親家庭に委託された。その際、「この人たちのことを親と思わないといけない」「この人たちの子どものように振る舞わないといけない」と思う一方で、「この人たちは自分の親ではない」と思っていた。

委託中も母親との交流はあり、母親の病状がよくなれば、小学校入学前に家庭復帰する予定であった。母親に会うのは楽しみで、2~3か月に1回は外出して会っていた。しかし、小学3年生ぐらいになってから母親の状態が不安定になり、交流も途絶え気味になった。母親の調子が悪かった時期に、里母のことをお母さんのように話したら、母親が怒り出し、そこでけんかとなったため、「お母さんと会わない」と睦美さんは面会を2年間ぐらいボイコットした。小学5年生の頃、児童相談所職員に説得されて母親に会い、変わり果てた姿を見てびっくりした。

母親に会うときは里親家庭の話はせず、里母のことは「おばちゃん」と呼ぶようにし、当たり障りのないことを話していた。小学3年生ぐらいの頃に家庭復帰が絶望的となったと里母から伝えられた。帰れると思ってがんばっていたので、母親に裏切られた気持ちになり、がんばる気もなくした。それでも帰りたい気持ちは変わらなかった。その背景には里親家庭の厳しさがあった。しつけと称して里母から叩かれることが多く、「いい子にしていれば養子縁組してあげる」と言う一方で、「私はあなたの親じゃない」とも言い、言動に一貫性もなかった。孫の手で背中やお尻《しり》が赤くなるぐらい叩かれ、「愛してるから叩くんだ」と言われた。

里父は半身麻痺《まひ》で、たまにてんかん発作で倒れた。そんなとき、里母は固まって動けなくなり、睦美さんが救急車を呼んでいた。睦美さんは常日頃から、里父がどうしたら生活しやすくなるか、どうしたら移動しやすいかを考えて生活をしていた。マイナスの気持ちはなく、お互い助け合って生きていた。しかし里母は自分の夫を取られたような感覚になり、里母にとって睦美さんはライバルのような存在となった。睦美さんは里母から殴られたり暴言を吐かれたりすることが増えていった。

児童相談所職員がたまに来て、里母のいる場での面会があった。里母は家をきれいにし、家事は完璧であった。叩かれていることや厳しいことを言われていることを匂《にお》わせる発言をすると、職員が帰った後で叩かれた。小学5年生のとき、学校の保健室の先生に里母について訴えたことがあった。児童相談所は完全に里親の味方だから睦美さんの話は聞かないが、学校の先生だったら絶対に睦美さんの味方だと思ったので、期待を込めて話したら、「あなたなら叩かれてもしょうがないよね。あなたが煽《あお》ったからでしょ?」と言われてショックを受けた。

小学6年生ぐらいまで耐えたが、中学に上がって叩かれることが増え、初めて里母を突き飛ばした。里母はそのことで児童相談所に電話した。そのとき「私には味方になる人が誰もいない。もうどうにでもなれ、私も好きにしよう」と思い、彼氏を作って家に帰らず、学校にも行かずにいた。そうしたら里父が児童相談所に「家庭を何とかしてくれ」と助けを求めた。

児童相談所が介入し、「とりあえず精神科に行って診断書を取ってきてください」と言われて精神科に行き、不安障害という診断名が付いた。その後、児童相談所の心理司と話したことから人生が変わり始めた。洗いざらい里親家庭で起きていた出来事を話した。そこで初めて大人が話を聞いてくれた感覚を覚えた。そのとき知能検査を受け、児童相談所の態度が一気に変わった。心理司には「あなた、めちゃくちゃ頭いいから自信もっていいんだよ」と言われ、初めて「自分に可能性があるのかもしれない」と気付いた。その頃は眠れない日々が続いていたので、児童相談所に付設されている一時保護所で1か月生活をした。その後また同じ里親家庭に復帰したが、不安感も強く眠れない日が続き、里母の暴力も再び始まったので、里親家庭に帰らなくなった。里母に叩かれたとき、今まで我慢してきた分だけ叩き返したら、里親側が「もう限界」ということになり一時保護となった。

一時保護所の職員から「あんたが悪いからここに入ってきたんだ」と言われた。「髪を黒に戻すとか、軍隊のように生活するとかはもう絶対に嫌だ」と言うと、「あんたに拒否権はない。やってきたことに全部責任取れ」と言われた。感情を捨てて日々淡々と生活し、3週間の一時保護の後、児童養護施設で生活することとなった。当初から地域のグループホームで生活した。それまでどん底生活だったので、すべてが輝かしく見えた。「人生やり直すぞ、一人で生きていこう」と思った。こうやって児童相談所に首ねっこをつかまれている限り、幸せになれないと感じていた。

当時睦美さんが生活していた児童養護施設では、「地域に出てグループホームで生活する子は家庭復帰が厳しい」と言われていた。だからホームではお互いの関係も濃密であった。職員と対等に会話ができ、暴力や暴言に怯《おび》えなくていい生活自体、とても新鮮であった。里親家庭での体験を職員と共有することが救いとなった。怒りや悲しみを表現できるようになり、里親家庭での問題を一緒に考えてくれたことで安定していった。回復の素地を作ってくれたのは施設だと思っている。

勉強は好きだったし、海外で仕事もしたかったので、高校卒業後は進学を考えていた。「自分の人生をもう一回見つめ直して、自立したときにブレないでいたい」と思い、「生い立ちの整理」をやりたいと職員に伝えた。そのときに母親の病気について改めて知り、母親の生育歴を聞いた。母親の自宅で外泊して状況を知り、母親のもとへ帰ることはできない現実を理解して、進学も無理だと思った。高校を卒業し就職してからの一人暮らしは楽しかった。仕事では結果を出して、社内で表彰されるぐらい認められたが、「それは高卒で若いから、パフォーマンス的に使われているんだろうな」と感じた。「結果を出してるのに稼げないのもおかしいな」と思い、キャリアについて見つめ直し、4年半勤務して退職した。現在はやりたいと思っていたPRの仕事に児童福祉業界で携わっている。今後も子どもに関わる仕事は続けていきたいと思っている。

里親夫婦への気遣い

睦美さんは、里親委託された当初の複雑な思いや、委託先の里母による暴力に対し、孤独に耐えなければならなかった。また、里親と実母との間での心の揺らぎに寄り添ってくれる支えもなかった。里親家庭での体験を聞きながら、里親養育の課題について考えさせられる。

先に論じたように、家庭は子どもの養育にとって極めて重要な場だが、多くのリスクもある。閉鎖的な空間が家庭らしさをもたらしているが、一方で個々の養育者の独善が優位となり、養育者による子どもへの不適切な対応が潜在化する傾向にある。

睦美さんは、里父の介護に携わり、里母の複雑な思いに対し、年齢不相応な気遣いも強いられた。委託機関である児童相談所の対応のあり方から多くのことを考えさせられる。幸いにも児童養護施設での暮らしの中で感情を共有でき、回復のきっかけを得て、現在は前向きに、また自身を大切にしながら生きている。レジリエンスやストレングス（強み）の可能性についても再確認できた。その素地を作ってくれたのは、施設での職員や子ども同士の対話である。里親養育、施設養育が相互に排除し合うことなく、相互の強みや弱みを十分に理解し、相互に強みを活《い》かした体制づくりが必要であろう。

特別養子縁組家庭での体験

特別養子縁組は法律上親子となり永続的に関係を維持する。子どもが一定の年齢に達して関係を解消する里親制度とは異なる。そうした意味で養子縁組は、子どもに与える影響はより大きいといえる。それが子どもにとって強みになり、リスクともなる。

「まえがき」で取り上げた晃さんは、2歳のときに特別養子縁組を前提に児童相談所を介して乳児院から里親委託された。小さい頃、養母方の祖父母の家によくいた記憶があり、いとこたちと一緒に祖父母にかわいがられた思い出がある。家族だけでのいい思い出はない。

小学2年生のときに養父が仕事を辞め、貯金と退職金で生活していたので、養父はずっと家にいて晃さんに勉強を教えていた。他の家庭のことはわからず、24時間養父が家にいるのが当たり前であった。小学5年生ぐらいから中学受験に合わせて勉強し、外に友達と遊びに行くことはなかった。養父は勉強において何かできないと手を上げたが、それは晃さんにとっての普通で、反発することもなかった。手を上げられたときは、できない自分が悪いと思っていた。

高校2年生の冬、養父が怒りに任せて突然、晃さんが養子であることを告げた。他の人よりも明らかに時間をかけて勉強しているのにできないので、養父が怒って手を上げて、その流れで突然告げられた。そのとき「養子だから、父はこんなに自分に当たりが強かったのか」と思った。

それを契機に自身のルーツに関心をもったが、そもそもそれを探れるということさえ知らなかった。告知後、養父に怒られて「出ていけ」と言われ、図書館で時間を潰していたとき、何気なく「特別養子縁組」というキーワードで書籍の検索をしたら、3冊の本が出てきてそれを読んだ。そのときに、生みの親と養親が連絡を取り合って、たとえば写真やメッセージのやりとりをしている例があることを知った。「こういうことってあるんだ。もしかしたら自分も今の親が生みの親に写真を送ったりしてるのかもしれない」と思い、養母に尋ねた。するど「してない。しようと思ったけど、断られた」と言われた。養母は養子というワードを出すだけでヒステリーを起こす人だったので、それ以上聞けなかった。

実家を離れたくて、親が勧める地元の大学ではない別の大学に入学した。大学1年生の夏休みに、運転免許を取りに地元に戻った。運転免許の試験を受けるための書類の中に住民票があり、そこに知らない住所が記載されていた。養親の家に来る前の住所かもしれないと思った。スマホで調べてその住所に向かった。その住所は乳児院であった。せっかくだからと思い、施設の人に会った。院長と副院長が対応し、晃さんについて調べてくれて、乳児院入所当時のことを聞くことができた。

その後、戸籍をたどれることを知り、自分の戸籍を取り寄せてみると、乳児院とはまた別の住所が書かれていた。その住所に行けば、今度こそ生みの親に会えるかもしれないと思い、大学2年生のときに自分一人で行った。田舎町の役場であった。その周辺で手当たり次第聞き込みをした。しかしそれ以上は捜せなかった。

自分のような者が養子縁組している例があることを新聞記事にしてほしいと思い、新聞社数社にメールを送った。そのうちの1社の記者から連絡があり、自分の実母を捜し歩いた男性がいるという記事になった。その取材の最中に、記者も一緒になって調べ、生い立ちに関する資料の取り寄せ方法なども教えてくれた。児童相談所に連絡し、どうにかこうにか審判書（裁判所に申し立てられた事件の審判内容を記載したもの）と出生時の自身に関する記録などが送られてきた。

大学生のときは一人暮らしだったので、考え込む時間もあり、すごく辛い時期もあった。ベビーカーを押している母親と子どもを羨ましく思い、直視できなかった。

養母は流産し、晃さんをそのときに産んだ子と思い込んでいるので、その気持ちもわかっているつもりであった。ただ、「こっちのことも理解してほしい。それができないのであれば、これ以上たぶん関係は変わらないと思う」と話したが通じなかった。養父は新聞記事になったことが衝撃的すぎて、「もう二度とメディアに話すなよ」「辛いときはいつでも言ってこい」。言えないのに「言ってこい」では何も解決しないと思った。そのときはすごく冷静に話したし、そういう反応を冷静に受け取れた。「そこまで擦れ違ってるんだったら、自分のことを親に理解してもらおうって思うのはやめよう」と思った。恨みとか、嫌だとかいう気持ちもなくなった。親なりに自分を愛情深く育てようとした、ただ愛情の伝え方を間違っていただけ、と思うようになった。

養子として育てる意義とその理解

晃さんの場合、養親との生活で辛かった経験を、幼少期の祖父母宅での楽しかった思い出が多少なりとも緩和しているように思われる。家庭のあり方や保護者の影響が肥大化し、子どもの将来の人生に与える影響が強まっている現代において、家庭以外の居場所の必要性を再認識させられる。

特別養子縁組をした子どもは戸籍上は実子同様に記載されるが、養子として育つことの意義について考えさせられる。新生児や乳児の頃から育てている場合、中途養育であることを忘れ、自分たちから生まれた子どもだと思い込みたい傾向にあるのかもしれない。

現状では、養親となる者の多くは不妊や流産など何らかの喪失感を抱えている傾向にあり、養子に対する過度な所有感が強化される側面がある。成長とともに養親の期待に応えることができず、子どもが自己否定感を抱えて逃げ場をなくし、養親子関係の悪化要因となることもある。縁組後の生活が子どもにとって最善の利益に適うよう十分に検討し、支援を提供する必要がある。

しかしながら、養子縁組後は一般家庭同様にみなされ、養親や養子本人が求めない限りは、第三者が社会的に関与することが困難な傾向にある。

晃さんの場合、養親がルーツ探しをする上での支援者にはなれなかった。またそうしたことを相談できる機関もなく、単独で行動せざるを得なかった。必ずしも養親子関係が良好な場合ばかりでないことを考慮すると、養子自身を支える支援機関も必要不可欠である。

晃さんは記者の協力もあり、児童相談所や家庭裁判所における自身の出自情報の存在を知り入手できた。しかしながら児童相談所から郵送されてきた記録情報を晃さんは単独で読み、一挙に押し寄せてくる情報を孤独に受け止めるしかなかった。本来的には、児童相談所は本人の面前で心理的支援のもと開示すべきであった。また、遠隔地でそれが困難な場合、養子が居住する地域にある児童相談所あるいは養子縁組民間あっせん機関等と連携して情報を提供することも検討の余地があっただろう。

家庭で大切にされた体験

隆二《りゅうじ》さん（仮名、20歳）は、実の親が育てられず、今の養親とは異なる里親のもとへ預けられた。生まれつき睡眠時無呼吸症で、ふとしたときに息が止まり、命が危ない状態のときもあった。このため里親が育てられずに、生まれた病院に再度戻され、今の養親に育てられるようになった。

自分が養子であることを誰かから聞いたという記憶はなく、幼稚園のときに自分から養母に尋ねた記憶がある。そのとき養母が「そうだよ」と言ったのを覚えている。隆二さんはこの家の末っ子で、兄3人、姉1人がいた。きょうだい5人のうち2人は里親として、残りの3人は養親として育てていた。普段の生活の中で、きょうだいからそうしたことを聞いていた。

里子の兄の一人は、親とよくそのことでもめていた。その兄とは5歳違いで、自分が小学生の頃からよく「なんでおまえは養子なのに、俺《おれ》はずっと里子のままなんだ。おまえはいいよな」と言われ続けた。この家で育ててもらっているということには感謝しているが、兄からはあまりいい目で見られず辛いこともあった。

養母は年を取っていたので、小学校のとき授業参観で「なんでいつもおばあちゃんが来るの？」と言われた。小学生の低学年の頃はストレートに聞かれるので辛く感じることもあった。「お母さんいないの？」とも言われ、本当のことが言えず、辛くなって、学校に行けなくなった。「そんなことを言われて辛い思いをするなら、学校には無理して行かなくていい」と養親は言った。他のきょうだいも同じ経験をしていたので、養親にとっては、こうしたことが初めてではなく、ついに起こったという感じであった。

1週間ぐらい学校に行かず、友達と会うこともなかったおかげで吹っ切れた。もうありのままを話せばいいと思い、「今の両親は本当のお父さんとお母さんではない」と言うようになった。それをきっかけに小学校のときは「捨て子ちゃん」とも言われた。『明日《あした》、ママがいない』（芦田愛菜《あしだまな》主演、日本テレビ系列、2014年）というテレビドラマが話題になったときは、「あんな生活してたの？」と言ってくる子もいた。一方で、気を遣って変に優しくしてくれる子もいた。急に「一緒に帰ろう」とか言われることもあった。今までそんなに話したことのない子が話しかけてくるようになり、それも嫌だった。

小学校の頃からずっと野球をやっていて、高校でも野球部に所属していた。野球は大好きだったので、部活は楽しかった。高校生になると、親についてそれまでのように言われることも減ってきたので、楽にはなった。

高校卒業後は大学に進学したいと思っていた。小さい頃から電車が好きだったので、将来は鉄道関係の仕事に就きたいと思い、鉄道関係の短大に進学した。就職活動で鉄道会社を30社ぐらい受けて全部駄目であった。就職活動をやめたくなって何もしない時期もあった。郵便局の配達員募集を知り、応募して採用され、今は郵便局で働いている。期間雇用社員なので、正社員になれるようにがんばっている。

きょうだいで生みの親に対する思いについて話すことはよくあった。思いはそれぞれで、生みの親のことを悪く言う者もいれば、あまり興味がない者もいる。隆二さんは生みの親に会いたいと思っている。兄や姉は会うのは嫌だと言っている。隆二さんが生みの親に会ってちょっと話してみたいと言うと、「俺はそうは思わないけどな。なんでそう思うの?」といった反応をされたことが何回もあった。

隆二さんは、育ててもらえなかったことへの恨みではなく、「この家に来て成長できたよ」「今、何してるの」とか、「今、郵便局で働いてるけど、そっちはどうなの」といったふうに話してみたいと思っている。

これまで、どうしてこの養親に委託されたかなどは聞いていない。もし深刻な事情だった場合、受け止められるかが不安だからだ。養親の口からではなく、生みの親の口から聞きたいと考えている。だから、養親には聞かないで待っておこうと思っている。養親から聞いた内容が、生みの親の言うことと違うかもしれない。双方の言い分が食い違った場合、「言ってることが違うんだけど、どういうこと?」となってしまうので、生みの親に聞いたほうがいいと考えている。

将来は安心して暮らせて、周りからも愛される家庭を作りたいと思う。これまで隆二さんは家庭で安心して暮らしてきたし、自身を思いやりをもった人間になれたと感じている。それは今の親のおかげであり、その親のように安心感のある家庭を築きたいと思っている。

家庭での生い立ちに関する対話

表情が豊かで明るい雰囲気の隆二さんは、度重なる過去の辛い体験も落ち着いた口調で率直に語ってくれた。逆境にありながらも、野球との出会いが大きな支えとなった。異質さにとりわけ敏感に反応する学童期には、自身の境遇を標的にされ、かなりきついことばを投げかけられた。一方で、境遇に特別に配慮されるのにも嫌気がさしたとも語った。こうした境遇の子どもへの対応のあり方について考えさせられる。

きょうだい間で置かれている状況に差があることについて、オープンに言い合える状況に驚かされた。それを否定しない養親の寛容さが前提にあってのことであろうが、そうしたオープンな会話が、子ども同士の衝突の要因となることもある。親側に説明力と子どもの疑問への応答力が求められ、養親はそうしたことに誠実に向かい合ってこられたことと思う。また、きょうだいで生みの親への思いを頻繁に言い合えることにも、養親のこれまでの対応が反映されているように感じられた。そうした対話が、生みの親への思いに大きな影響を与え、隆二さんは現時点では生みの親に会いたいと口にした。気遣いを強いられず、何でも言い合えることは、子どもに安心感をもたらす。その安心感が隆二さんの生きる力に反映されているようにも感じられた。

家庭でのさまざまな人生

これまで述べてきたように、里親家庭や養子縁組家庭で生活した人たちの人生は多様である。その中には、多様ということばには収まりきらない、人権侵害じみた体験も含まれている。もちろん、多くの子どもたちは、里親や養子縁組家庭での安心した暮らしにより生きる力を培い、過去の逆境体験を乗り越えて生活している。

２０１６年に改正された児童福祉法で、すべての子どもは適切に養育される権利を有することが規定された。それを踏まえ、子どもを家庭で養育することが困難である場合、施設ではなく、里親や養子縁組といった家庭と同様の環境で養育されることが原則とされた。実体験の聞き取りから、改めて養子縁組や里親の意義を再認識させられたとともに、必ずしもそれらが子どもたちの幸せに寄与していないことも明らかとなった。

　一般家庭同様に、里親や養子縁組家庭も多様であり、社会的な支援が十分に整備されておらず、各家庭における里親や養親の影響が子どもの人生に大きく作用している。家庭において愛情のシャワーをたっぷり浴び、自尊心や感謝の気持ちが培われる子どもたちもいれば、そうではない逆境体験を強いられている子どもたちもいる。「親ガチャ」ということばに象徴されるように、どういった里親や養子縁組家庭に委託されるかで、その後の人生が大きく左右される。委託された子どもたちの生活を十分に把握する仕組みや、子どもの幸せに寄与できる家庭を保障する上でも、里親や養親に養育を任せきりにしない社会的な支援体制の充実が、何よりも重要といえるだろう。

第5章　「中途養育」の喜びと困難

現代社会における養育の困難

本章では、現代社会における養育上の課題や、里親・養子縁組家庭に特有な養育上の喜びと困難について取り上げたい。

里親や特別養子縁組といった家庭養育を推進すべきとはいわれるが、家庭養育の課題は山積みである。養育における親の責任が強く求められ、子どもや親に対して寛容なまなざしを向けることが困難となってきた。親も子どもに対して寛容に対応することが困難となる傾向にある。親は世間体や周囲のまなざしに敏感となり、家庭での子どもの囲い込みが強化され、親子関係も煮詰まりやすい状況である。こうした状況は当然ながら里親や養子縁組による養育にも影響を及ぼしている。受託当初は子どもの存在を無条件に祝福しながらも、経過とともにそうしたことが困難となる。子どもに対し能力以上の出来を求め、それが親子の不調要因となることもある。

特別養子縁組では、先の章でも述べたようにその多くは新生児や乳児である。これらの子どもは多様なリスクに晒されながら出産される場合が多い。妊娠中に飲酒、喫煙、薬物摂取などの行為のあるケースも少なくない。そのため何らかの障がいや疾病を潜在的に抱えている子どもも多い。成長とともにそれらが判明し、養親の子どもに対する期待と子どもの状況に齟齬《そご》が生じ、養育の継続が困難となることもある。また将来のためにきちんと育てるという思いなどから、子どもに対し厳しいしつけがなされ、養育不調に至るケースも増加傾向にある。

武田《たけだ》さん夫妻（仮名）のケースを見てみよう。里親として子どもを受託した頃は、行動を理解できず、子どもの行動を直そうとして、つねに叱責《しっせき》し、それがしつけであると思っていた。しかし研修を受け、良かれと思って行っていたしつけが間違いであることに気付かされた。子どもの行動の意味や対応の方法を理解したことで、寛容に接することができるようになった。以前は叱った後に自己嫌悪に陥ることがたびたびあったが、今では多少楽な気持ちで子どもに対応できるようになった。

近年、子どもたちが成育歴の中で抱えてきた深刻な被害体験や喪失体験から生じる行動を、トラウマ（心的外傷）症状として捉え、対応する必要性が指摘されている。こうした捉え方は、トラウマ・インフォームド・ケアと呼ばれている。トラウマ症状による行動は、子ども本人にとって制御不可能であり、そうした行動に叱責や罰によって対応することが、子どもに二次被害をもたらすと考えられている。悪意のない対応であっても子どもを傷付け、子どもに自己否定感をもたらすこともある。場合によっては説諭さえ、トラウマ体験の再現を促すきっかけとなる。トラウマ・インフォームド・ケアは、二次被害を防止する上での重要な考え方である。特に里親家庭ではトラウマを認識した上での子どもへの対応が強く求められている。

新たな家庭での養育の始まり

子どもの育ちにおいて家庭は必要不可欠であり、生みの親と暮らせない子どもに里親や特別養子縁組家庭を提供することは、子どもの最善の利益に適うと考えられている。それでも、住み慣れた家庭や施設から引き離されれば、喪失感を抱えることとなる。また想定外の事態に対する大きなショックや、先行きに不安を感じることもある。支援者はそうした子どもの思いに寄り添う必要がある。措置の過程における周囲の対応のあり方が、その後の子どもの思いや感情に大きな影響を与える。

里親や養子縁組制度に対する子どもの思いも多様である。児童養護施設で生活していた孝《たかし》さん（仮名、32歳）は、とにかく里親家庭での暮らしを望み、担当の職員にその希望を伝え続けた。週末里親や正式な里親委託に向けた里親希望者と子どもとの交流を、小さい頃から施設で傍目《はため》に見てきた。生みの親の面会がない孝さんにとって、家庭での暮らしは憧れでもあった。

一方で、幼少期に里親委託された由美《ゆみ》さん（仮名、23歳）は当初、住み慣れた施設を離れ

表５－１　ステップファミリーの子ども・親の思い

子どもの思い	起きていること	親の思い
母は実母だけ、継母に自分の母と名乗ってほしくない	PTAの連絡網で「母です」と名乗った	母親の役割を担おう、母親らしく接しようと思った
実親子だけの気楽な時間に戻りたい	休日に家族全員でバーベキューの企画提案	家族の一員として楽しみを共有したい。料理の腕前を見せたい
実親子の時は誰にも咎められなかったのに	テレビやゲームは１日１時間までと注意	継親であっても、しつけを担い責任を負うべきである
食事の時くらいは楽しく過ごしたい	箸やお茶碗がうまく持てていないと注意	しっかり育てたい・しつけは大事

緒倉珠巳「新たな親子関係の構築を支える」『子どもの虹情報研修センター紀要』15号、2017年12月26日、99頁を参考に作成

るのが嫌であった。しかし施設や児童相談所の職員の「受け入れてくれる家庭が見つかってよかったね」ということばを聞き、本当の思いを言い出せず、里親家庭で生活することとなった。こうした複雑な思いを抱えて措置された子どもと、いち早く子どもと関係を形成しようとする里親の思いに齟齬が生じることもある。表５－１は、ステップファミリー（連れ子のいる再婚家庭）における子どもと継母《けいぼ》との思いの齟齬を表現しており、里親子《さとおやこ》関係においてもこうした齟齬が生じることが考えられる。

　里親として子どもを迎え入れるとき、一緒に生活できる喜びを子どもに伝えることから養育が始まる。表５－１にあるような齟齬を予防する上でも、里親は子どもの成育歴や生みの親との関係のあり方などを意識する必要がある。里親養育は、子どもが託される理由とともに、その成育歴や生みの親の概況等

について児童相談所から情報を受け取ることから始まる。しかしながら、そうした情報が十分に伝えられていないこともある。提供される情報内容や情報量は子どもによって差があり、都道府県や児童相談所、あるいは担当職員によっても違いがある。養子縁組に比べ、里親委託の場合、個人情報保護を理由に情報提供が制限される傾向にある。したがって不確実な状況の中での子どもの受け入れを強いられるケースがある。そうした不確実性への耐性が里親には求められる。また当然のことながら子どもたちには不安や戸惑いがあり、迎え入れる家庭にとっても子どもの受託は大きな変化となる。子どもが家庭の一員として落ち着くまでに要する時間も相当に必要である。

実子がいて里親となる場合

実子がいて、なおかつ里親として子どもを受託する人たちもいる。実子のいる里親は、里親全体の40％ぐらいといわれている。里親となった理由として最も多いのは、実子が一人で第2子の出生が叶わず、実子にきょうだいを与えてやりたいというものである。里親制度の本来の趣旨とは矛盾するが、当初こうした思いで里親となる人たちもいる。また、複数実子がいる場合、ある程度子育ての手が離れ、再度子育てを体験してみたい、あるいは実子の子育ての間に里親として他人の子どもも育てるという社会貢献をしたいといった思いからなる人たちもいる。

子どもの受託に際しては、まず家族全員が、子どもを迎えることを望み、納得していることが重要である。また別に居住している家族や親族への説明も必要である。特に里親の実家との関係は極めて重要である。里親の実家が子どもに与える影響も大きく、子どもにとって大きな支えとなった事例を数多く見聞きしてきた。冠婚葬祭などの行事で顔を合わせる場合もあるため、その他の親族に対しても同様に説明する必要があろう。そうした親族や、既に受託している子どもや実子を含む、生活をともにする人たちに、里親として子どもを受託したい気持ちを事前に説明するとともに、相手の心の揺れ動きなどに十分に配慮する必要がある。

里親として両親が受託した子どもたちとともに育った経験のある実子の山本真知子《やまもとまちこ》さん（39歳）は、幼少期から両親が里子の養育で悩んでいるのを見ているので、自分の気持ちを両親になかなか話すことができなかった。里親の重要性も理解しているだけに、複雑な感情を抱えて生活していた。里親が集まる会合やコミュニティはあるが、里親家庭における実子だけで集まる機会やコミュニティはほぼない。友人関係でも、同じ立場の人は周囲に全くいない。里親制度について学校で学ぶ機会もないため、どこまで話せば理解してくれるのだろうかと思い、話すことを躊躇《ちゅうちょ》してしまう。真知子さんは、「里親であるご両親は素晴らしいですね」と周りからよく言われた。「いいことをしている」と言われてしまうと、ちょっとしたネガティブなことも人に言い出せなくなる。里親としての両親を気遣い、周囲に対しても自身の否定的な感情を抑圧して生きざるを得なかった。

しかしながら両親は、真知子さんがそこまで悩んでいるとは知らなかった。真知子さんは無意識に良い子になり、自分の思いは出さなくなった。両親は里子のことで悩んでいるし、両親に迷惑をかけられないとも思っていた。両親に「里親をやめてほしい」と言ったら、その子たちの暮らす場所がなくなることもわかっていた。子どもの頃から里親制度についてきちんと説明を受け、もっと気軽に自身の感情や思いを話せる支援者が必要であったと考えている。

実際に子どもを受託すると、それまでの成育歴によっては、予測できなかった困難な事態が起こることもある。そんな里子に振り回されている里親に対して、実子として複雑な思いをもつことがある。親の関心が受託した子どもに向いている様子を見て、「自分だけでは親は満足しなかった」と考える実子もいる。委託された子どもの試し行動を受け入れようと努力する親に対しては、自身を育てるときは厳しかったのに、受託した子どもには甘いと嫉妬《しっと》を感じ、受託した子どもの存在をうっとうしく感じることもある（ウェブメディア「朝日新聞GLOBE+」の記事、「広げよう「里親」の輪　山本真知子さんの場合」を参考にした）。

誉子《やすこ》さんが高校2年生のとき、両親は里親として、誉子さんと同年代の少女を受託した。複雑な家庭で育ち、父親から性的虐待を受け、妊娠していた。誉子さんは里親である両親を尊敬していたが、自宅につねに他人がいるという状態に、疑問を感じるようになった。誉子さんは思春期で、自身の家は普通ではないと考えるようになった。

少女の態度も気になった。突然やってきて、我が物顔で居座り、不遇な境遇を武器にしている、と見るようになった。その少女は家出や万引きを繰り返し、結局少年院に行くことになった。後になって振り返ってみれば、年の近い自分が話し相手になればよかったと思った。しかし、当時は他人の子どもの世話に明け暮れる母親や、その世話を当然のことのように受ける少女に対する不信や怒りの感情があって、苛立《いらだ》ちを抑えきれなかった（村田和木『「家族」をつくる』〔中公新書ラクレ、2005年〕の事例を参考にした）。

受託する子どもの成育歴、起こり得る行動とそれへの対処方法などを、実子、委託される子ども、里親、支援者がともに学び、理解するアプローチが重要であろう。委託する側である児童相談所も、実子のいる家庭で親が里親として子どもを受託すると、どういうことが家庭の中で起こり得るのか、それに対して実子を含む家族にはどういう対応が求められるのかということを研修の中で十分に伝え、委託後もともに学び合う必要があろう。

「中途養育」への理解

生みの親から引き離され、新たな養育者と関係を形成することの子どもへの影響と、それに伴う子どもの困難を理解した上で、子どもの育ち直しの過程を適切な対応により確保する必要がある。被害体験や喪失体験を抱えた子どもは、安全かつ安心な環境に身を置くことで、養育者との関係や許容範囲などを確かめる「試し行動」や、「赤ちゃん返り」といわれる退行を起こす場合もある。

養育者がこうした行動を否定せず受け入れることは、子どもと養育者との関係形成上、必要不可欠である。養育者として対応に苦慮するときや、対応方法が見つからないときは、公的養育者として他者に協力を求めることが大切である。実子を養育したなどの過去の養育経験が、むしろ育ち直そうとしている子どもの養育を妨げる場合もある。

不妊治療を経てようやく授かった実子でも、育児で余裕を失い、「思い描いていた生活と違っていた」などの悩みが出てくることも考えられる。子育てには喜びの反面、難しさがある。大変でも徐々に状況が上向くならばよいが、出口が見えなければ、大変さが増すばかりである。生みの親も里親も養親も、同様にそのような状況に陥ることがある。ただ、里親や養親の場合、中途からの養育であるがゆえに、その危険性が比較的高いといえる。自分たちの意思で始めた養育だから、その大変さのすべてを自分たちで背負い込むといった考え方が、自身をさらに追い込む。養育が困難な状況になった場合、家庭内で抱え込むのではなく、速やかに他者の協力を求めることも大切である。養育者が養育について悩むことや思案することは、よりよい養育を目指すからこそである。支援を求めることは、養育者としての力量として捉えられる。

井上《いのうえ》さん夫妻（仮名）は、受託した子どもを4年間里親として養育した後に養子縁組した。現在は日々元気に小学校に通っているが、最初の3年くらいは、試し行動、情緒不安、固執、不眠、過敏症があって悩まされた。児童相談所に相談すると、民間の子ども教室や地域の子育てセンターに通って、子どもと手遊びや身体の柔軟性を高める遊びをすることを勧められた。心がやわらぐような楽しい遊びを親子一緒にするうちに、親子関係もずいぶんと落ち着いた。

田中《たなか》さん夫妻（仮名）は、虐待を受けた子どもを里親として受託して2年が経過した。当初、乱暴な行動や嘘《うそ》をつくことがあり、過食、頻繁に風邪《かぜ》を引くなど、子どもに振り回される日々が続いた。複雑な家族関係の中で被害体験を抱えていたことを、児童相談所の職員から口伝えで聞いていたが、それだけでは子どもの行動を理解できず、何度も児童相談所に相談して子どもの行動の意味や対応の理解に努めた。児童相談所の児童精神科医の診察も希望し、半年以上経ってようやくその希望は叶ったが、継続的な診療を受けることは困難であった。しかしながら行動の意味や対応方法が徐々にわかるようになり、ときに子どもが見せる笑顔に救われるようになってきた。

黒澤《くろさわ》さん夫妻（仮名）は、長期にわたって虐待を受けた高校生を受託した。年齢が高くなってから保護された子どもの養育は困難なことが多い。黒澤さん夫妻の場合も子どもの背景が複雑すぎて周囲に相談することもできず、問題を自分たちだけで抱え込んでしまいがちであった。委託の際、子どもの成育歴に関する詳細な記録情報はなく、口頭でわずかな情報を得たにすぎない。児童相談所の紹介で、虐待の影響について詳しい医師に相談したところ、子どもの抱えている課題について少し理解できた。

養育は知識と技術に裏付けられた営みであり、愛情は行動に関する知識や対応方法を理解することで深くなることもある。当初黒澤さん夫妻は愛情と思いやりがあれば子育てはできる、子どもをかわいく思えるようになると思い込んでいた。しかしなかなかそうはならず、むしろ苦しくなっていった。研修などで知識や技術を得ることで、子どもの行動の意味を知り、対応の仕方を学び、子どもに対し優しく関われるようになったと振り返っている。また子どもが他者に頼りながら生活する大切さを実感するには、養育者自身が人に頼りながら養育することの必要性を理解することが重要であることに気付いた。自分たちだけで抱え込まず他者に引き続き相談できると思うと、養育の困難さには変わりないが、心に余裕が出てきたと感じている。

試し行動とそれへの対応

生まれたばかりの子どもが自分に接する大人を信頼するようになるためには、その大人が自分のあらゆる欲求を無条件に満たしてくれる人だと認識するところから始まる。中途養育においても、信頼関係を築くためには、ある一定の時期においては子どもの要求のすべてを聞き入れ、子どもに危害が及ばない限り、どのような行動をとろうとも、引き受ける必要があるといわれている。しかしながら、0歳児ではない子どもにそうした対応をするには大きな困難を伴う。

里親として子どもを迎えてからしばらくの間は、子どもは緊張していることもあり、よい子として振る舞ったり、周囲を観察しながらおとなしくしていることが多く、「見せかけの時期」といわれる。

約1週間ぐらい見せかけの時期が続いた後、幼児期・学童期の子どもであれば、反抗的な行動や赤ちゃん返りといった行動をとる。たとえば自立していた排泄《はいせつ》を失敗する、ずっと養育者のそばにいたがる、好きなものしか食べない、哺乳瓶《ほにゅうびん》を使いたがるなどである。子どもによっては、嘘をつく、養育者の見えないところでいたずらをするなど、「こういう自分でも受け入れてくれるだろうか」と、あたかも子どもが養育者の許容範囲を確かめているような行動をとることがある。それらは、この先どんな生活が待ち受けているかわからないことに対する大きな不安感の表れであるともいわれる。

小学校高学年で受託した谷口《たにぐち》さん夫妻（仮名）の子どもは、当初トイレではないところで排泄の失敗をしたり、同じ色の洋服しか着なかったりした。児童養護施設では問題なくできていたので、赤ちゃん返りのような行動だと思い、受け止めていた。「この家にずっといていい」ということを伝えるとともに、一つひとつの行動を叱ることはせず、淡々と処理していくとそういった行動も収まった。

鈴木《すずき》さん夫妻（仮名）は4歳の子どもを受託したばかりのとき、あらかじめ用意していたぬいぐるみを子どもがハサミで切ってしまった。「物を大切にしてほしい」という気持ちが伝わるように、切ったところを縫って棚の上に置いた。それを子どもが見ていたので「けがをしたので治したよ」と言ったら、「誰がやったか知っているよ」と言ったが、「ふ〜ん」と応えるだけで追及しなかった。こんな悪いことをする自分がここにいていいのかというアピールではないかと思い、叱りはしなかった。こうした対応を継続することで、徐々にそうした行動も収まっていった。

北原《きたはら》さん夫妻（仮名）は受託した3歳の子どもが哺乳瓶に興味津々《しんしん》だったので、哺乳瓶で牛乳を飲ませた。約1年半経ったとき、哺乳瓶を気に入って牛乳ばかり飲んで栄養が偏らないか不安になり、哺乳瓶を割ったことにし、「飲みたくなったら、また考えよう」と伝えた。小学4年生のとき、子どもがまた哺乳瓶を使い始めた。吸い口が裂けて牛乳が大量に出るようになったので買い直したら、今度は少しずつしか出ないので口が疲れて使わなくなった。のちになって、「ママ（実母）からミルクもらえなかった」とぼそっと言ったことがあり、今思うと、子どもが満足するまで哺乳瓶を使わせればよかったと思っている。

里親による養育の最大の特徴は、これまで繰り返し述べてきたように、子どもを中途から養育することにある。中途養育には児童相談所など支援者からの情報や助言が必要となるが、里親仲間との対話も非常に参考となる。子どもを受託してから地域の里親会に入会し、仲間づくりを始めるのではなく、里親登録と同時に入会し、里親サロンや親睦会《しんぼくかい》の活動を通して知り合いを広げていくことが望ましい。また、養子縁組を希望する里親同士で話してみると、他とは違う共感や養育上のヒントが得られることもある。子どもの年齢や性別、成育過程などで自分と似たような経験をしている里親と交流することで、大きな気付きが得られる場合もある。

哲也《てつや》さん、恵《めぐみ》さん夫妻（仮名）は、5歳の麻美《まみ》ちゃん（仮名）との施設での交流を終えた。その後、自宅に麻美ちゃんを迎え入れた当初は、とてもおとなしく、年齢相応にできることをさっさとし、食事もしっかり食べてくれていた。

ところがその1週間後ぐらいから、家中の引き出しを開けて物を出すことが始まり、ご飯を食べたと思ったら「何か食べたい」と言い出し、物を出している以外の時間は何か食べているという状態が続いた。恵さんは、最初の2〜3日は哲也さんが帰ってくるまでに部屋をきれいに片付けていたが、そうした余裕もなくなった。哲也さんは帰宅後、家の中の状況に戸惑いながらも、研修で聞いた通りの事態に納得していた。

その後、大人の何人分もの量をひたすら食べ続ける過食と、食べるのに飽き、お茶やお菓子を床にまき散らす行動に移ったが、恵さんが「もうどうにでもなれ！」と麻美ちゃんの要求に応じることで、1週間くらいでそうした行動も収まった。その後に始まったのが、抱っこをせがむ、嚙《か》む、叩くといった行為であった。何か気に入らないときに嚙みついたり、叩いたり、哲也さんにおもちゃの包丁をもって向かっていったり、外へ出るときにはいつも抱っこを要求したりした。夫婦で「これを受け入れてあげなければ」と思い対応することで、そうした行為も徐々に収まった。

その間できるだけ里親会の集まりに顔を出し、自身の思いを吐き出し、また里親会で知り合った里親と電話やSNS（LINEなど）で気持ちのやりとりをしながら子どもに接することで、自分たちだけで抱え込まずに対応することができた。

里親養育と養育不調

オーストラリアの社会的養護全体に占める里親委託の割合は90%以上と、世界で最も高い水準にある。オーストラリアでは里親の約半数が親族里親といわれている。しかしながら、その親族の範囲は日本の親族里親より広く、子どもにとって近しい者（たとえば、子どもの友人の親、近隣の人々など）も含まれ、サイコロジカル・キンあるいはコミュニティ・キンと呼ばれている。里親委託率の高い諸外国では全般的に親族里親への委託率が高く、いずれの国においてもオーストラリアのようにその親族の範囲は日本より広く、アメリカではフィクティブ・キンとも呼ばれている（45頁）。

オーストラリアにおける里親養育の課題としては、里親家庭での養育が中断し、何度も里親家庭が変更となる「フォスターケア・ドリフト」の問題が挙げられる。フォスターケア・ドリフトは、アメリカ、カナダ、イギリスなど、里親委託率が高い他の国でも課題となっている。ただ、こうした諸外国では日本に比べて親族里親のもとを転々とする子どもたちも多く、非親族里親のもとを転々とするのとでは、子どもへの影響が異なることも考慮する必要があろう。

日本においても里親委託率が増加する中で、このような養育不調のケースは増加傾向にある。近年の調査結果によると、里親の25％が里親子関係を途中で解消する「委託解除」を経験している。解消の理由としては、「このまま育てていたら虐待してしまうと思った」とか、「自分たちの精神的負担が限界だった」など、子どもを育てる難しさに直面したという回答が寄せられた。またその後の心境として「子どもを見捨てたようで、後悔ばかりが残っている」「力不足を感じている」など、自分を責める回答があった。一方、「児童相談所が一方的に子どもを連れて行ってしまった」「もう少しがんばってみたいのにその機会が与えられなかった」など子どもの措置を決定する児童相談所の対応について不満の声も寄せられた（「NHK居場所のない子どもたち：里親80％「養育上困難」経験　NHKアンケート」、2018年）。

別の調査では、2019年度に里親家庭等への委託を解除された子どもは64自治体で128人おり、うち269人（17％）は養育不調が原因であったとし、翌年度は1489人中275人（18％）が、不調だったとしている。

不調の理由としては「子どもの問題行動など」（170人）と「里親の養育困難」（166人）がそれぞれ30％を超える。「子どもの不適応」（105人）が続き、「里親による虐待」も16人いた。不調以外の委託解除は、家庭復帰や子どもが18歳を迎えたことによる自立などであった（「読売新聞オンライン」の記事、「里親への委託解除された子ども、2割が関係悪化原因…子の問題行動や養育の難しさ背景」〔2022年2月24日〕より）。

国の通知である「里親及びファミリーホーム養育指針」では、「養育の継続が難しくなり、委託の解除となった場合でも、成長過程の一時期に特定の養育者との関係と家庭生活の体験を得たことは、子どもにとって意味を持つ原体験となるので、いつでも訪ねて来られるよう門戸を開けて待つことも大切である」としている。

また別の通知である「フォスタリング機関（里親養育包括支援機関）及びその業務に関するガイドライン」（平成30年7月6日、厚生労働省子ども家庭局長通知別添）では、以下のように指摘されている。

子どもを委託する立場の児童相談所に里親が率直に悩みを打ち明け相談しづらい点を考慮し、児童相談所とは別の立場で里親家庭に関与する民間里親支援機関が、里親から日頃の悩みや不安について相談を受け、不調に至る前に適切な支援を提供するとよい。そして民間里親支援機関は、里親の一時的な休息サービスであるレスパイトケアや一時保護の活用を促すとともに、子どもの成長を的確かつ正当に評価して里親とともに喜び合う、といった丁寧な支援を行い、里親養育の不調を未然に防ぐことが期待される。

しかし、民間里親支援機関が存在する自治体は限られているのが実状である。

また、やむを得ず不調による委託解除となった場合、それは子どもにとって現在の生活環境の喪失を意味し、次の養育の場への適応が必要となる。そのため、同ガイドラインは、養育チームとして、子どもに対し、事情に応じた丁寧かつ十分な説明を行うとともに、意見や意向を聞くことに努め、子どもが無力感や罪悪感をもたないように配慮すべきであるとしている。委託に関与した支援者とともに里親家庭での経験を振り返ることは、喪失感の緩和を促すことともなる。

委託解除は、子どもだけでなく、里親にも喪失感をもたらす。同ガイドラインは、里親についても十分にフォローするべきであり、時機を見て、時間をかけて、不調に至った要因、経緯、背景等を振り返り、整理し、不調を当該里親の責任に帰することなく、養育チーム全体として受け止められるよう支援することが大切であるとしている。養育期間の長短に関係なく、子どもとの別離に対する里親の多様な感情が支援者に対して言語化され、その感情が受容され、支えられることも、里親を継続する上で必要不可欠であろう。

養育の難しさと里親委託解除

4歳の和樹《かずき》君（仮名）は児童養護施設で生活していた。発達に遅れがあり、少食で、食事時間は長いが、それ以外には手がかからず、鉄道玩具のプラレールがあれば一人で遊んでいた。里親である聡《さとし》さん、明子《あきこ》さん夫妻（仮名）と施設で順調に交流を行い、正式に委託されることになった。日中はほぼ家事専業である明子さんが養育を行っていた。

和樹君は家庭でも穏やかに生活していたが、食事のときは明子さんが苦労することが多かった。明子さんと離れるのを嫌がり、意見が通らないと泣くようにもなった。聡さんが帰宅するとテンションが上がり、深夜まで起きていることもあったが、徐々に感情表現も豊かになっていった。

三度の食事のたびに悩まされていた明子さんは、引き取って3か月頃から障がい児デイサービスをときどき利用した。たまに訪問する里親支援機関の職員や児童相談所職員にも悩みを相談し、抱え込まないようにしていた。だがコロナ禍に突入して、障がい児デイサービスが中断し、幼稚園入園が延期となると、明子さんは徐々に追い詰められる。聡さんは心配しながらも明子さんが和樹君と楽しく過ごしているように見え、深刻には捉えていなかった。聡さんも休日には和樹君に関わっていた。

和樹君が食事を食べない日が続いたとき、明子さんは「食べないんだったら、施設に帰った方がいいね」と伝えた。和樹君は「帰らない」と反応。明子さんは言ってはいけないことを言ったことに気付き、申し訳ない気持ちになった。聡さんにもこうした言動について伝え、注意されて深く反省をした。里親支援機関の職員にもこの件について正直に伝え、深い反省の念を示した。その職員は児童相談所に報告した。児童相談所は心理的虐待として捉え、明子さんが今後さらに不適切な関わりをするのではないかという懸念をもった。聡さんも明子さんをフォローできていないとみなされ、和樹君の一時保護が決定し、聡さんが帰宅する前に保護された。和樹君が聡さんになついているので、目の前で別れさせるのは酷との児童相談所の判断によるものであった。明子さんは泣きながら「絶対迎えに行くからね」と伝え、和樹君も頷《うなず》く。

明子さんの発言以前から、関係機関は家庭訪問を繰り返し、明子さんはSOSを伝えていた。明子さんと聡さんは和樹君と楽しく過ごしてもいたが、そのことは共有されておらず、児童相談所は「支援しているのにしんどいままの状態」と捉えていた。保護の後、児童相談所は明子さん、聡さんと話し合いを重ね、明子さんが虐待に至るリスクは低いと判断。しかし食への意欲のなさや発達の遅れという特性から、里親に委託継続することは困難と判断し、措置解除となった。和樹君の思いは十分に把握されることもなく、残念な結果となった（『あたらしいふれあい』547号〔家庭養護促進協会大阪事務所、2021年7月〕を参考にした）。

本事例に関しては、子どもの引き上げは妥当な判断だったのだろうか。近年、里親が十分に納得しない状況下での子どもの引き上げが課題となっている。子どもの意向や気持ちにも十分に耳を傾け、子どもを中心とした措置のあり方を検討する必要がある。

本事例のように、引き上げが決定したとしても、子どもへの説明と里親家族との適切な別れ方が重要であろう。この場合は、最後のことばを交わすこともなく聡さんから分離され、和樹君に大きな喪失感を残した。先に論じたように、里親の喪失感への対応も重要であり、チームとして支援機関や児童相談所等の職員とともに、その問題について振り返り、里親のみの責任としない対応が望まれる。

次は、高校進学に合わせて里親家庭に委託された女性（19歳）のケースである。里親夫婦は優しかったが、さまざまな生活のルールを決められ、息が詰まるようになった。夫婦が自分のことで泣きながら話し合っているのを偶然耳にし、「ここにはいられない」とわずか3週間で別の里親のもとに移った。

2か所目の里親は親身に悩みを聞いてくれた。しかし、学校での悩みから不登校になり、部屋に引きこもる生活となった。里親と顔を合わせられなくなり、半年余りで家出した。女性は「里親さんは悪くない。どうしてもうまく関係を作れなかった」と児童相談所で話した（「読売新聞オンライン」の記事、「虐待で保護された少女、里親との「家庭」も転々…「私は誰とも家族になれないのかな」」（2022年2月24日）を参考にした）。

子ども側の苦しみを共有してくれる支援者がいて、その思いを代弁してもらう機会があれば、状況はまた違っていたかもしれない。本来、児童相談所の児童福祉司がそうした支援者であるべきであるが、そうした関係性にない場合も多々ある。現在導入が検討されているアドボケイトには、そうした役割を期待したいが、現状では委託後の対応までも想定していないように思う。第1章（11〜13頁）でアドボケイトについて言及したが、アメリカのいくつかの州では、里親委託を経験した若者が委託機関にユースパートナーとして雇用され、委託前から委託後における子どもの思いに寄り添い、子どもとの対話を継続している。

多くの子どもを受託した経験をもつ里親夫妻は、かつて10代後半の少女を受託した。しかし、少女は攻撃的な言動を繰り返し、家族が精神的に追い詰められた。虐待のトラウマが原因と見られ、夫妻は児童相談所に相談し、委託を解除してもらった。夫妻は「一緒に過ごす中で、成長していく姿に喜びを感じる」とやりがいを語る一方、「家庭が崩壊するリスクもはらんでいる」と振り返る（「読売新聞オンライン」の同前記事を参考にした）。

虐待のトラウマが原因であると理解し、先に述べたトラウマ・インフォームド・ケアを認識していても、実際にこうした行動に幾度となく遭遇すると、里親夫妻のみならず他の同居家族にまで影響し、家族関係の不調に至ることもある。里親にとって、自身の家族、受託した子ども、どちらも大事な存在であり、折り合いをつけることが困難な場合がある。時間の経過とともに状況が改善することもあるが、適切な専門機関による支援などが十分ではない場合、家族にとってリスクが高まることもあろう。

生みの親と里親との間で

里親委託の場合、子どもの利益に反しない限り、子どもが生みの親やその他の親族との交流や関係形成を維持できるよう配慮を要する。特に養子縁組を前提とせず、短期間子どもを養育する養育里親の場合、生みの親のもとに戻ることを前提とし、里親自身もそうしたことを認識して子どもを受託する必要がある。子どもにとっての生みの親との関係の大切さを里親は理解し、いつでも生みの親のもとに子どもを返すという認識をもつことが望ましい。

児童福祉法においても、里親は委託された子どもやその親に対して、関係機関との緊密な連携を図り、親子の再統合のための支援をしなければならないと規定されている。また生みの親との交流については、委託前に子どもに対し丁寧に説明するとともに、可能な限り子どもの意向や気持ちを十分に聞き、それを尊重することも大切である。生みの親との交流は当然、安全かつ安心な場合に限りなされる。

一方で、子どもが生みの親との面会交流の前後に不安定になることは、たとえ生みの親や里親との関係が良好であっても起こり得る。交流前後の子どもの心の動きに寄り添い、適切な対応を行えるよう、児童相談所やその他の支援機関は里親を支えなければならない。しかしながら、生みの親の情報が十分に里親に提供されるわけではなく、生みの親に不信感を抱き、子どもに対し生みの親に関して否定的な言動をしてしまうこともある。そうした状況の中で、子どもは生みの親と里親との双方の関係において葛藤を感じる場合もある。子どものアイデンティティの源である生みの親について、里親や養親が悪く言わず、否定しないことは当然である。子どもの生命をこの世に送り出した人の存在を大切にすることが、子ども自身を大切にすることでもあるからである。

子どもが委託された家庭に馴染み、新たな養育者との情緒的関係が育ち始めると、「生みの親と里親のどちらか一方に忠誠心（信頼感）をもたなければならない」という気持ちが湧きあがり、葛藤を感じることがある。そうした葛藤は忠誠葛藤（ロイヤルティ・コンフリクト）といわれる。生みの親との交流がない場合でも、新たな養育者との関係を深める自分への迷いや不安、抵抗、自責の念などが出てきたりすることもある。また生みの親のことを忘れたり、ときには事実とは違う良いイメージだけで生みの親のことを理想化・空想化し、ファンタジーのように語ったりする場合もある。

子どもは、多様な分離に伴う喪失体験を重ねてきている。それを踏まえると、子どもの気持ちが揺れることは自然で意味がある。したがって、ときには喪失感による怒りや不安、痛みが里親に向けられる場合もあるが、子どもの気持ちに里親が寄り添い、一緒に揺れ動きながら受け止めることが互いの関係を深めることにつながる。

生みの親の存在への配慮

家庭内で子どもが生みの親について気兼ねなく話せることは、子どもの心理的安定にとって大切である。

里親である和子《かずこ》さん（仮名）は、家族ぐるみで親しくしている別の里親から「お宅の恵子《けいこ》ちゃん（仮名）が生みの親に会いたいと言っていたわよ」と聞いた。恵子さんは、一緒に暮らしている和子さんには、そんなことを考えている素振りは見せていなかった。聞いたときは、それが子どもの本音なんだとショックを受けたが、子どもの気持ちを知ることができてよかったと思い直した。恵子さんが和子さんに対して一番言いたいことを言えずにいたのを和子さんは理解し、生みの親のことをできるだけオープンに話せるよう意識するようになった。

また、子どもが里親などの養育者をどう呼ぶかは、養育者が一方的に決めるのではなく、生みの親の存在の有無など、子どもの状況や意向を確認し、子どもとともに決めることが大切である。

小学4年生の明菜《あきな》さん（仮名）の場合、泣きながら、里親の真紀子《まきこ》さん（仮名）を「お母さん」と呼べないと言ったことがあった。行方不明の実母と再会するときに、二人を「お母さん」と呼べないからという理由であった。真紀子さんの知らないところで、周囲から「実のお母さんが戻れば、そちらに気持ちが傾くんでしょ」と言われていた。真紀子さんは辛い思いをさせてしまったと思った。「産んでくれたお母さんを『お母さん』と呼ぶのは当たり前のことよ」と言うと、やっと安心した表情を見せてくれた。

輝夫《てるお》さん、絵美《えみ》さん夫妻（仮名）は、施設から翔平《しょうへい》さん（仮名、6歳）を迎えたとき「パパ、ママと呼んでね」と深く考えずに子どもに言ったら、子どもが不安定になったように感じた。そこで児童相談所の職員に相談し、助言を得て、子どもと話し合い、一緒に呼び方を決めることにした。生みの親を「パパ・ママ」、輝夫さんと絵美さんを「お父さん・お母さん」と呼ぶことになった。分けて呼ぶようになったら、気持ちの整理がついたのか、子どもは落ち着いた。次に受託したときは、子どもに呼び方を決めてもらうことを、児童相談所からその子に事前に伝えてもらった。児童相談所は、いくつか候補を挙げてくれていた。子どもは自然と夫妻を「おじさん・おばさん」と呼ぶようになった。

和江《かずえ》さん（仮名）の場合、純一《じゅんいち》君（仮名、6歳）の実母が近くに住んでいることもあり、和江さんの自宅に実母がやってきて、子どもとの交流を行っていた。和江さんは研修で学んだ忠誠葛藤について理解し、日常生活でも純一君と実母の話をよくしていた。しかし、純一君が精神的に不安定となる時期が続いたため、里親子関係に詳しいある専門家にそのことを相談した。すると、実母と和江さんの二人がいるとき、子どもに「ママ（実母）を好きになってもいいですか」「和江さんを好きになってもいいですか」と確認させなさいという助言をもらった。和江さんは普段から「ママ（実母）のことが大好きでいいんだよ」と何度も子どもに言っていることを伝えたが、「そうではない。子ども自身に言わせることが大事で、それに対してママ（実母）とあなたが許可を出すことが大事なのだ」と話した。早速実行した後、子どもの状況は飛躍的に改善された。里親と生みの親の間で葛藤を抱え、子どもにとって過剰な気遣いを強いられる面もあり、大きな負担となる。こうした「儀式」によって、その負担感から解放されることは、子どもとして生きる上で重要なことであろう。

さらに子どもを迎え入れた際、子どもの姓について検討が必要となる。子どもの姓名は、その子どものアイデンティティの一部であり、かけがえのない大切なものである。里親の姓を通称として使用することもあるが、委託に至った子どもの背景、委託期間の見通し、養子縁組の可能性などとともに、子どもや生みの親の意向を踏まえ、個別に検討する必要がある。里親だけで決められるものではなく、児童相談所などの関係機関と相談して決めなければならない。委託された子どもの中には、虐待などにより実の姓を使うことを拒否する場合もある。検討の結果、里親姓を使うこととなった場合でも、受験の際や卒業証書には実名を使用するケースも出てくるので、子どもにその旨を説明し、子どもの思いを受け止める必要がある。

過去の関係の維持

過去の人間関係は、生きていく糧《かて》となることもある。委託解除後も可能な範囲で子どもと里親家庭とがつながりを保ち続けるよう努める必要がある。しかしながら、そうしたつながりを一律に禁じている自治体もある。

委託解除後の里親と子どもの関係は、一様に決められるものではない。生みの親が里親に信頼感を十分もっている前提で、委託解除後も生みの親家庭と里親が交流している場合もあるが、生みの親が里親に対して競合的な感情を抱いたり、養育者としての自信のなさから、里親と交流することを望まない場合もある。このような場合、子どもが生みの親と里親の間で板挟みになることもあるので、委託解除後の子どもの生活にとって、里親とどのような関わりをもつのがいいのかを慎重に検討することが重要であろう。

その結果、里親には事情を説明して、委託解除後の交流を控えるよう助言する場合もある。そうした場合でも、プライバシーに十分配慮しながら、その後の子どもの様子を里親に伝えることは有用である。たとえば、委託解除後であっても、子どもが希望する場合には、その子どもの生みの親の承諾を得て、手紙の交換や互いの現況を写真で知らせ合うことなどを検討すべきである。関係機関は、それまでの養育の振り返りを丁寧に行い、「里親家庭での養育期間があったからこそ、子どもが成長することができた」「子どもが家庭生活を経験できたことは、子どもの中で生き続ける」といったように、具体的に里親養育の成果を伝えることが必要であろう。里親の喪失感が緩和されるとともに、里親のスキルアップや次の委託へのモチベーションの継続にもつながるといえる。

委託当初は、子どもも里親・養親も、お互いに不安や迷いなどの不確実な思いを抱える傾向にある。里親や養親は子どものそうした思いを大切にしながら、子どもの意向や気持ちを推し量りつつ養育することが重要であろう。そのためには、家庭ですべてを抱え込まず、頼れる支援者に相談したり、他者の手を借りたりしながら養育することが必要である。それに応えられる社会的な体制整備が家庭養護を推進する上で必要不可欠であろう。しかし現実には、そのような体制の未整備が、養育不調の要因ともなっている。

また、生みの親や過去の養育者との関係など、子どもの過去の関係を大切に考え、それを子どもに伝え、場合によっては何らかの形で維持することは、子どものアイデンティティ形成にとって大切である。次章では、そのような過去の関係の重要性を、子どもの権利という視点から考えてみたい。

第6章　過去とつながる

子どもの出自を知る権利

「出自」とは、子どもの生みの親が誰であるかという事実情報だけでなく、出産前から今日に至る生い立ちに関するすべてのストーリーを包括する概念として理解する必要がある。出自に関する記録には「事実情報（名前、生年月日、出身地などの客観的情報）」、「エピソード」、「養育者など子どもと関係した人たちの気持ち」の三つがあるといわれる。子どもの年齢にもよるが、自身のことを知りたいと希望したときに求める情報には、事実に付随するエピソードや気持ちが含まれる場合が多い。たとえば「妊娠が分かったときの親の気持ち」、「出産時のエピソード」、「子どもを委託すると決めるまでの親の気持ち」等である。そうしたエピソードや気持ちを生みの親などから聞き取って記録し、適切に管理・開示する必要がある。当時のエピソードや気持ちは、のちの取得が困難なため、取得できるタイミングを逃さないことが重要である。

国連で採択され、日本が批准した「児童の権利に関する条約」においては、できる限りその父母を知り、かつその父母によって養育される権利を有すると規定されている。子どもが自らのアイデンティティを確立し、心理的安定を確保する上で、自らのルーツを知ることは極めて重要であると同時に、実父母等の個人情報を保護することにも留意が必要であると国の通知に記載されている。

実父母等のプライバシーに配慮しつつ、子どもの出自を知る権利を保障するために、記録すべき情報や、子どもや養親に情報を提供するにあたって留意すべき点を本通知は示している。記録すべき情報のうち実父母等に関する情報については、情報Ⓐと情報Ⓑに分け、情報Ⓐは生みの親の障がい、健康状態、既往歴など、子どもの生命・健康に関わる情報で、生みの親の同意を得ることが困難であるときには、生みの親の同意がなくとも養子または養親に提供できるとされている。一方、実父母等の個人情報のうち、情報Ⓐ以外については、情報Ⓑとされ、養子となった子どものアイデンティティ確立や心理的安定のために必要な情報ではあるものの、情報Ⓐほど重要なものとはいえないとされ、開示には必ず生みの親の同意を要するとしている。

しかしながら、アイデンティティの確立や心理的安定に必要なあらゆる情報は人間にとって生命や健康にも関わる重要なものであり、情報Ⓑの中でも、あっせんに関わった機関名や養子縁組の相談の経緯、委託理由等については養子本人の情報でもあるといえる。にもかかわらず生みの親の同意がないことを理由に一律に開示されないのは、子どもにとっての不利益があまりに大きい、という養子当事者の声もある。実父母のプライバシー保障と子どもの出自を知る権利保障については、継続して検討を要するテーマであろう。

先に述べたように、「児童の権利に関する条約」を踏まえ、日本は子どもの出自を知る権利を保障する義務を負っていると解釈できる。しかし、出自を知る権利について何をどのように保障すべきかについては、法令等に規定はなく、権利を保障する体制が整っているとは言い難い。また、出自を知る権利は、養子縁組された子どものみならず、里親委託や施設措置された子ども、さらには生殖補助医療によって生まれた子どもといった、血縁のない親に育てられるあらゆる子どもたちにとって重要な権利であるという認識をもち、その権利保障に向けた支援の充実が必要である。

過去とつながる意義と真実告知

一般的に子どもは、両親や親族などからエピソードやそのときの気持ちを聞いたり、写真で確認したり、また当時の思い出の品を見たりするなどして、記憶にない幼少期を含め、自身の生い立ちについてある程度ストーリーとして理解している。このように、生い立ちに関する「情報のシャワー」を日常生活の中で少しずつ浴びながら自身の過去を連続性をもって理解することは、自己形成や心理的安定を促す。さらに幼少期からのエピソードを聞くことは、大切に育てられてきたと実感でき、自尊心を培うことに寄与する場合もある。

一方、里親や養子縁組の場合、養育者が一貫しておらず、生い立ちに関する情報が分散しているために、里親や養親はそうした情報を収集し、子どもに伝える必要がある。たとえば、子どもが以前入所していた施設、児童相談所、養子縁組民間あっせん機関、裁判所等に分散して保管されている文書を通して生い立ちに関する情報を入手し、子どもの年齢や意向に応じて継続的に生い立ちを伝えることとなる。

特別養子縁組は１９８８年に施行され、生みの親による監護が著しく困難または不適当である場合等において、子どもの利益のために創設された比較的新しい制度である。家名や家業の継続のために活用される傾向にあった普通養子縁組とは制度の趣旨が異なる。かつて普通養子縁組の場合は敢《あ》えて子どもに養子である事実を告知せず、隠すことが一般的であり、告知はむしろ子どもを傷付けるよくない行為と捉えられる傾向にあった。一方、子どもの利益のための特別養子縁組においては、特に「児童の権利に関する条約」の批准以降、子どもを一人の人格をもつ人間として捉える考え方に基づき、子どもには自己に関係する重大な事項を知る権利があるという理解が促されてきた。

里親や養親が子どもと血縁関係になく、生みの親が別に存在することなどを伝える行為は、真実告知と呼ばれる。それは一過的な行為ではなく、年齢に合わせた内容を継続的に伝える必要があるといわれている。なお真実告知ということばは表現が固い等の理由でテリングということばを使っている機関もある。たとえば養子縁組民間あっせん機関である「環《わ》の会《かい》」

では、「告知」という一方通行で一時的な情報伝達ではなく、「あなたは、大切な大切な私たちの、待ちに待っていた子ども」「○○さん（生みの親）が守り抜いてくれた大切な命」「△△ママが、あなたの幸せを願って、託してくれた子ども」ということを、日常生活の中で伝え、子ども自身の気持ちや疑問を聞きながら、誠実に応じていくことをテリングと呼んでいる。現在進行形のテリング（telling）ということばは、子どもとの継続的な対話を意味し、物語を聞かせるストーリー・テリングということばも使われている。

子どもに真実を伝える重要性を認識していても、実際に伝える時期や伝え方等には迷いが生じるものである。しかし養親がともに子どもにきちんと向き合い、できるだけ幼少の頃から楽しい雰囲気で、かつ養親と子どもが良好な関係のときに、子どもが理解できるような言い方で、真実を継続して伝えることが重要である。真実告知の最初の適期については一般的には、ことばを理解し、親子の間に愛着関係がしっかりと築かれる3歳頃といわれ、成長に合わせて表現や内容を深めていくのがよいとされている。

また、幼少期から里親家庭で暮らし、生みの親との生活記憶はなく、生みの親のもとに戻る可能性がない子どもを、さまざまな事情から養子縁組はせず、里親として育てているケースもある。その場合、自身が里親であることを伝え、里親として育てる理由、お金（委託費）をもらって育てていること、一緒に暮らせる期間が限られていることなどについて、年齢に応じた内容や伝え方で継続的に説明する必要がある。

真実告知の内容

真実告知は、事実告知とは異なり、里親や養親に託された背景にある事実をそのまま詳細に子どもに伝えることではない。生みの親が性被害により子どもを妊娠した、生みの親が犯罪者であった、子どもが電話ボックスに置かれていたなど、子どもが傷付くであろうと思われる情報は、真実告知ではそのまま伝えない方がいいともいわれる。しかし、いずれ子どもが知る可能性のある情報を隠すべきものと捉え、隠し続けるのも問題であろう。ある成人した養子は、どんなに傷付く事実情報も伝えてほしいと話していた。伝えるときの年齢、伝え方や伝えた後のフォローのあり方等も含めて検討し、しかるべき年齢に達したとき伝えるということも考えられる。

『うちあける　真実告知事例集（改訂版）』（家庭養護促進協会大阪事務所、2004年）は、以下のように述べている。

真実告知では、子どもたちが「この親に選ばれ、望まれてこの人の子になった」と思えるように、「あなたを産んでいない。産んでくれた人にはいろいろな事情があって、今はあなたを育てることができない」「私たちはあなたを育てることを心から望んでいる」「あなたは私たちにとって大事な存在である」こと等を子どもに伝え、生い立ちをともに受け止めていく。唐突に「実は、本当はね……」とこれまでと違う話をすれば、「嘘をつかれていた」と子どもが感じてしまうこともある。

日々の生活の中で丁寧に伝え、子どもの思いを受け止めることが重要である。

一方で、告知することで子どもが誰彼なしに自身の境遇について話すことを危惧《きぐ》する場合もある。隠すべきではないが、言いふらすことでもない。隠すべきだと認識すると、自身の境遇を否定的に捉えることもある。そうした認識をもたないよう、頭ごなしに「言ってはならない」という伝え方は避けたい。そこで考えられるのが、「大切なこと」、「悪いことではなく、良いことだから秘密にしておく」という伝え方である。また、大切な話はそれを同様に大切だと思ってくれる人にだけ話す、話してもいいが、わかってくれる人にだけ話すという伝え方でもある。子どもが自己肯定的認知をもてるような工夫が必要であろう。

3歳の優馬《ゆうま》君（仮名）が「お父さんのお父さんは誰？　お母さんのお母さんは誰？」と言ったときに、佐藤《さとう》さん夫妻（仮名）は告知する機会だと思ったが、言いそびれてしまった。優馬君を受託したことを近所の人も知っているし、どこかから話が入ることもあるかもしれないから、早く話した方がいいと思っていた。5歳のとき、優馬君が「お母さんが赤ちゃんを産んだら、おばあちゃんになるのかな？」と言ったのをきっかけに、自身が赤ちゃんを産めない体であること、とっても子どもが欲しかったので優馬君を受託したこと、産んでくれたお母さんもいるけれど、今ここにいるのが現在のお母さんであることを話した。お絵かきしていたときに何気なく自然な形で伝えることができた。「お母さんがお母さんで、産んでくれたお母さんもいるのね」「でも今のお母さんが自分のお母さん」と言い、とても嬉しそうな顔をして養母である理恵《りえ》さん（仮名）に擦り寄ってきた。

また第3章で紹介した小説『朝が来る』では、実母を家族で「広島のお母ちゃん」と普段から呼び合っている。このように日常生活の中で実母の話をすることで、より自然な形で伝えるという方法も考えられよう。

養子としての思い

20歳の美里《みさと》さん（仮名）は出生後すぐに産院から養親に引き取られ、特別養子縁組された。同様に縁組された8歳違いの兄がいる。幼少期から養子を迎えた家族の集まりに参加し子ども同士で遊んだり、夏休みにはお泊まり会があって花火を楽しんだりした記憶がある。

4歳ぐらいのときに養親から生みの親が別にいると告げられた。当時について明確には覚えていないが、ただ「なんで産んだのに育てられなかったのか」という疑問だけが残り続けた。参加したのは同じような家族の集まりだったことや、他の子たちも同じ養子であることもそのときに伝えられた。

小さい頃から自身の境遇を理解でき、今思えばよかったと思っている。養親が告知しなかった期間が長ければ、それだけ嘘をついていたのか、悪いことだから言わなかったんじゃないか、じゃあ自分の存在自体悪いのか、という理解をしていたかもしれないからだ。告知はスタートだと思い、美里さんはそれ以降段階的に自分の中で受け入れていくことができたように感じている。葛藤や反発を感じる時期もあったが、自分なりに折り合いをつける過程を歩むことができた。

養親とはずっと一緒に暮らしてきたし、養子であることをそんなに重大に思ってもいなかった。小学2年生ぐらいのときに、「命の授業」で赤ちゃんの頃の写真を持参し、出生時の体重を調べたりしたが、そのとき先生に自分が養子であることをあまり深く考えずに伝えた。先生からは「もし書きたくない部分とかがあったら別に書かなくてもいい」と言われたのを覚えている。生まれた直後に養親の家に来たので、生まれたときの写真もあるし、体重もわかっていたし、特に問題は感じなかった。

しかし、実母がなぜ育てられなかったかについては、ずっと養親に聞けなかった。明確なことを聞いていなかったので、中学のときはその疑問がピークに達していたが尋ねることができなかった。実母が自分を手放した事実に対して、疑問や反発がつねにあった。養親に聞けなかったのは、養母が自分の生い立ちについて話すとき、すごく泣いていたからであった。美里さんは冷静だったが、養母は悲しんで泣いているように感じた。

中学生のときは養子である事実がいいものなのか、悪いものなのかを考えていた。多感な時期であり、しんどくなることもあった。高校生になって少し落ち着いて、知らなくてもいいかと思うようになった。生みの親に対する怒りや疑問が鳴りをひそめた感じであった。

結局、実母のことはずっと聞けず、昨年姪《めい》が生まれたとき、養母からようやく聞けた。また、大学の人間学という授業で、自分について振り返って書く機会があり、それも尋ねるきっかけとなった。聞いて「よくある話だな」と思い、すっきりもした。実母にはできれば会いたいが、無理して会うほどではないかと思う。現在の情報を得たいとも思っている。

大学の生命倫理の授業で中絶について学び、時期によっては産む選択肢しかないことも知った。出産後、「こうのとりのゆりかご」（いわゆる赤ちゃんポスト）や養子縁組に子どもを託したという話も授業で聴き、自分もそういう一人だったんだと感じた。それにより生みの親に対する怒りや、捨てられたという思いをもたずにすんだ。

友達には、話の流れでどうしても言わないといけない場面もあり、養子である事実を話すこともある。たとえば「お兄ちゃんと年離れてるね」とか、「似てないね」とか、「お母さん何歳で産んだの」といった会話になったときである。長年仲がいい友人には隠さず自身が養子であることを伝えた。

友人は「あ、そうなんだ」という感じであった。受け止めてくれたという印象だった。養子縁組にあまり馴染みがなく、びっくりされることもあったが、「そうなんだ、全然気付かなかったよ」という反応であった。きょうだいでも生みの親に対する関心の度合は違い、兄は生みの親に会いたいかと問われたとき、どうでもいいという感じだった。きょうだいでそうした話をすることもない。

真実告知後の疑問

美里さんが幼少の頃から養親は真実告知を行っていたが、疑問が残り続けた。告知の際、養親が感極まって涙を流すことは自然な感情表現ではある。しかし美里さんにとって養母の涙は悲しさを意味し、親への気遣いから一番知りたかった疑問をそれ以来、尋ねることができなかった。

自身が養子であることの重みや意味づけが年齢とともに揺れ動き、矛盾した感情を抱えることもあった。思春期における自身の生い立ちへのこだわりのピークや、その後の自分なりの折り合いがインタビューから理解できる。生みの親への反発と納得が交錯し、自身の境遇を天秤《てんびん》にかけて考え、誰にも肝心なことは尋ねられなかった。きょうだいで率直に話せる場合はいいが、きょうだいによって生みの親への思いは異なり、全く興味のない場合もあるし、きょうだいがいない場合もあるので、家族以外の支援者や同じ境遇の人との出会いの必要性も感じる。

養子である事実を自分から親しい友人に話すことは、これまでの他の方々のインタビューでもよく耳にした。親しいからこそ知ってもらいたいのだろうし、それでも友人であり続けてくれるのかという確認のように感じられることもあった。

学校では、幼少期の写真を持参すること、誕生当時の様子を聞いてくること、名前の由来を聞いてくることなどの課題が提示される、いわゆる「生い立ちの授業」、「命の授業」、あるいは「2分の1成人式」（成人年齢の半分の年齢において人生を振り返る行事）などがある。こうした授業の中では、主たる養育者が一貫していない境遇の子ども、すなわち里親家庭、養子縁組家庭、施設で生活する子ども、ステップファミリー（連れ子のいる再婚家庭）など子どもの状況の多様性に配慮した展開が必要であろう。

告知されなかった思い

一方、「まえがき」に記した晃さんのケースのように、思春期に親子関係が良好でないときに、養親が怒りに任せて事実だけを告知することもある。また告知がなされないという場合もある。以下は告知されなかった養子当事者である竹野《たけの》ゆり香《か》さんの手記を参考に記載している（筆者も参画した研究会の成果である、『養子縁組記録の適切な取得・管理及びアクセス支援に関する研究会報告書』〔日本財団、2022年3月〕より引用。見出しは引用者が便宜的に補った）。

○養子であることを知る

私はまだ特別養子縁組という制度がない頃、普通養子縁組で養子となりました。養親は、1歳の私を迎え入れるタイミングで引っ越しをして、親子3人の新生活をスタートさせました。引っ越しは、無理解な人からの差別や偏見から私を守るための養親なりの配慮だったのだと思います。私は養子であることを知らされないまま成長していきました。しかし、小学生の頃には私と養親の容姿が似ていないことが、友達との間で話題になることがあり、私の中に養親との関係に対する疑問がうまれました。不安になりいろいろなことを何度か養親に質問しましたが、いつもつじつまが合わない答えが返ってくるだけでした。そして、もう中学生の頃には、私は質問することを諦め、高校生の時に養親に内緒で役所に行き、養子であることを知りました。「やっぱり」と思うと同時に、「私にとってこんなに大事なことを私自身が知らないってどうして……」と、言葉に言い表せないやるせなさを感じましかし、自分の気持ちを誰にどう話せばいいのかもわからず、「自分はどこの誰なんだろう」と深い孤独を感じながらも、必死に平静を装って日々を過ごしました。

〇ルーツ探し

その後も、お小遣いをコツコツとためて交通費とし、自分のルーツ探しを一人で続けました。当時、自分の身分を証明するものは高校の生徒手帳ぐらいしかなく、役所で戸籍を取得する際に別室で個別に事情を聞かれたり、知り得た情報を悪用しないように誓約書を書いたりすることもありました。しかし、遠方から来た高校生の私に、どの役所の方もとても親身になってくれたことが救いでした。結局、養子だと初めて知った時から約4年かかりましたが、実母の居場所がわかりました。その時の私の年齢は19才でした。その口も養親に嘘をついて新幹線に乗って出かけていたので、今日会わないともう一生会えないように思い、私は実母を待ち伏せするという大胆な行動にでました。今思うと実母の状況も考えずに行動したことを反省するばかりですが、あの頃の私は、自分のことについてどんなことでもいいから教えてくれる人に会いたかったのです。幸いなことに、実母は私を好意的に受け入れ、様々なことを包み隠さず話してくれました。

しばらくしてから養親に対して、自分が養子だということを知っていること、そして、実母に会いに行ったことなど、全てを打ち明けました。養親は「真実を話そうと思っていたけど、話せなかった」と泣いていました。特に養母は私の行動をとても悲しんで、その後しばらく情緒不安定になり、大変な日々が続きました。そんな養母の状況から、私は実母と交流することを諦めることにしました。

○縁組後の支援の必要性

今、改めて振り返ってみると、養親は私を一生懸命大切に育ててくれました。しかし、私が養子であるという事実を隠し通すという大きな負担感を抱えながらの子育ては、大変な日々だったと想像します。もし、両親を継続してサポートしてくれる専門職の方がいたならば……そして、10代のあの頃の私もまた、養親の他《ほか》にだれか信頼できる大人に相談ができていたならば、もう少し広い視点で考え、柔軟な判断ができていたでしょう。

今は多くの養子縁組家庭において、養子だという真実を幼い頃から成長発達に合わせて、お子さんの気持ちに寄り添いながら、繰り返し丁寧に伝えていくようになってきました。ただ、養子それぞれに知りたい時期や内容は様々です。「何を聞きたいのか、今はどこまで知りたいのか、誰からどんな場所で聞きたいのか、誰と一緒に聞きたいのか」、養子自身が主体的に選択できることを強く望みます。また、今は真実を知らなくてもいいという考えの養子が、いつか自分に関する情報を知りたいと思った時に、どこの場所に住んでいても容易にその情報にアクセスすることができる仕組みを構築することが必要です。養子縁組後は、養親さんとの大切な思い出は増えていきます。しかし、縁組前の情報は少なくて貴重です。そのため、養子に関する全ての情報がクラウド上で丁寧に記録・保存され、永年的に適切に管理されることを願います。また、情報開示の際には、養子、養親、実の親の意向がそれぞれ尊重されるように、専門職のサポートを受けることができるような体制が整備されることを希望します。養子がこれからの未来を自分らしく生きていく力になり、養親や実の親も幸せな日々を過ごせることが何より大切だと思います。

最後に、子どもたちが生まれ育った環境に左右されず、いろいろな自由な選択ができて、夢や希望を叶えられる社会になることを心から願っています。

手記を振り返って

この養子当事者は、自身の思いより養母への配慮を優先し、実母との交流を断念した。養子が自身の出自に関する話をする際の養親の態度は、養子に対して大きな影響を与える。養親の態度によっては、養子自身が出自の話題をタブー視し、出自を知りたいという思いをもつこと自体、否定的に捉えることもあろう。またこの方の養親のように養子の生い立ちを隠すことは、養子本人が自身の人生を否定されたように感じ、自己否定感を抱えることも考えられる。

社会的支援の欠如が養親子双方に大きな溝を生み、大きな精神的負担感をもたらした。自身の生い立ちを養親と率直に話せないことは、自身のアイデンティティの希薄化や心理的不安定をもたらすこともある。「両親を継続してサポートしてくれる専門職の方がいたならば……そして、10代のあの頃の私もまた、養親の他にだれか信頼できる大人に相談ができていたならば、もう少し広い視点で考え、柔軟な判断ができていたでしょう」と書かれているように、養親、養子双方への社会的支援が縁組後も継続していたなら、状況は違っていたかもしれない。養親が求めれば委託先などから支援を受けられるが、求めるか否かは養親の意思に委《ゆだ》ねられている。問題を抱えて、本来なら支援を要する養親ほど孤立化する傾向にある。そういった養親とのつながりのあり方を検討する必要がある。

ゆり香さんは高校生という多感な時期に情報だけを入手し、一人で背負いきるには困難もあったであろう。本来そうした情報は点滴のように少しずつ継続的に伝えることが望ましいといわれるが、だからこそ情報開示の際には、出自の詳細を知ることによるショックを緩和するためにも、専門職のサポートを受けることが可能な体制について提案したのであろう。

こうした自身の生い立ちに関して率直に親に尋ねることができない、口にできないという環境は、子どもにとって年齢不相応な親への気遣いを強いられている状況ともいえる。基本的に子どもは親から気遣われる存在であるが、それが逆転した状況だ。子ども期を子どもとして生きる権利の侵害でもある。年齢不相応な過剰な気遣いを予防するためにも、家庭内にタブーを作るべきではない。そのために真実告知は重要であり、疑問を何でも口にできるような雰囲気作りが子どもにとって大切であろう。

出自を告知されたその先

生みの親から離れて、里親家庭や養子縁組家庭あるいは施設で暮らす子どもたちが、自身の生い立ちや現在の状況を理解し、これからのことを養育者や支援者とともに考える「ライフストーリーワーク」という取り組みがある。出自を知る権利保障の一環として近年日本でも導入され、行われるようになってきた。イギリスで発展したライフストーリーワークは、子どもの日々の生活やさまざまな思いに焦点を当て、子どもが生い立ちや家族との関係を整理し、過去、現在、未来をつなぎ、前向きに生きていけるよう支援する取り組みだといわれる。
ライフストーリーワークの一環として、アルバムや過去の思い出の品を保存したメモリーボックスを用意したり、その子どもが関わりのあった人（たとえば施設の過去の担当職員や保育園の職員など）に会いに行ったりすることもある。そうしたことで自身が多様な人の愛情を受けて成長・発達していることの認識を促すといわれる。また、生みの親や出生に関する文書や品物、写真、里親や養親に引き取られるまでの生活場所、世話になった人々などについての情報を養育者とともに集め、一冊の本にするというライフストーリーブックの取り組みも行われている。

養子縁組の場合、生みの親に関する養親家庭への情報開示や縁組後の生みの親と養子縁組家族との関係性の観点から見ると、クローズドアドプションとオープンアドプションに大別できる（アドプションは養子縁組の意味）。クローズドアドプションでは、養親家族と生みの親との交流は一切行われないが、オープンアドプションでは生みの親の情報を共有し、縁組成立後も両者で何らかの交流が継続する。

諸外国では、生みの親のニーズも考慮し、かつ生物学的な関係を維持することが子どもにとって有益であるとの観点から、オープンアドプションが活用されるようになってきた。オープンアドプションでは、縁組について子どもの理解が促されること、クローズドアドプションに比べて子どもの成長・発達がより健全であり、生みの親に対する養親の共感が促されることなどが報告されている。

一方、日本の養子縁組においては、生みの親と養親双方の関係を継続することにより子どもが混乱したり、養親にとって生みの親の存在は厄介に感じられたり、生みの親の中には妊娠をなかったことにしたいと考える者もいたりすることから、オープンアドプションに関しては消極的な傾向にある。オープンアドプションを採用している国でも、オープンアドプションを原則としつつも、生みの親の意向が考慮され、生みの親が望まない場合はクローズドアドプションにより縁組がなされる場合が多い。

日本においても養子縁組民間あっせん機関の中には、生みの親と養子縁組家族との安全かつ安心な交流が可能であると判断され、生みの親もそれを望んだ場合、オープンアドプションあるいはセミオープンアドプションといわれる取り組みを行っているところもある。セミオープンアドプションは、実際に会って交流するのではなく、あっせん機関を通して何らかの通信手段でのやりとりや、物品のやりとりを行う交流である。ただ、実際にはセミオープンアドプションを前提に相互にやりとりをしていても、途中で生みの親からの応答がなくなったりして関係が途絶えることは多い。

ある養子縁組民間あっせん機関は、生みの親が希望すればセミオープンアドプションを行っている。生みの親は、子どもへの愛情が少なからずある中で子どもを養親に託し、喪失感のみならず自己否定感や自責の念を抱えることもある。生みの親が、子どもが養親やその親族に愛されて養育されている様子を知ることで、そうした感情が緩和され、生き方が前向きとなることも多い。そうしたケースでは、養親家庭にとっても生みの親は身近な存在であり、家庭内で話題となることもある。養親とのやりとりで、「あなたは大切な存在である」「あなたのおかげでこの子がいることをいつも感謝している」といった内容を機関を通して伝えられることは、生みの親にとっても大きな励みとなる。この機関では養親に対して一定の期間、養育報告を求め、その内容を生みの親にも伝えている。生みの親が子どもの誕生日やクリスマスに手紙やメッセージを送りたい場合も、機関を通して送ることができる。それに対して養親もまた、機関を通して生みの親に手紙やメッセージを送ったりというやりとりもある。

当事者を支える仕組みの必要性

里子や養子として育てられた経験をもつ当事者によっては、より詳細な出自情報の入手を望み、自身でルーツ探しをしたいと思う者もいる。また、生みの親だけではなく、きょうだいなど自身の親族の情報を求めたり、実際に会うことを希望したりする者もいる。子どもによって自身の生い立ちや生みの親、その親族に対する興味や関心は異なり、全くそうした興味や関心がない者もいる。しかしながらそうした者も、その後の人生における結婚や子どもの誕生などを契機に気持ちが変化することもある。

知りたいと思ったときに知ることができることが必要である。まずはどこにどんな情報があり、どうすれば入手できるのか知ることができ、心理的支援を得ながら情報の開示を受けるという社会的仕組みが必要であろう。同居する里親や養親が寄り添いながら一緒にそうした過程を歩めればいいが、必ずしもそうした関係にある者ばかりではない。里親や養親に隠れてルーツ探しをせざるを得ない者もいる。

生い立ちに関して新たな情報を入手することで、ショックを受けたり、混乱したりする可能性もある。生い立ち情報は点滴のように少しずつ継続的に伝えることが推奨されている。しかし新たな記録を入手することで、情報が洪水のごとく押し寄せる場合もあり、情報開示の際、心理的支援は必要不可欠である。

記録には保存期間があるが、特別養子縁組の場合、児童相談所や養子縁組民間あっせん機関の記録は永年保存とされている。しかし縁組がなされていない里親委託の場合、児童相談所の記録は原則25歳までの保存となっている。乳児院や児童養護施設の記録の保存期間は規定されていない。特別養子縁組の場合、家庭裁判所にも記録が保存されているが、審判書に関しては30年間、調査官による調査報告書や裁判記録は5年間となっている。

審判書の内容は簡略化して記載されている一方で、調査官による報告書は断片的な事実情報だけではなく、一つのストーリーとして背景が理解できる内容である。生みの親のことに限らず、養親が養子を迎えた際の喜びや子どもの反応等も記されており、子どもが成長した際、どれだけの喜びの中で子どもが養親に迎えられたかが理解できる。それは子どもの自尊心を促すことにもなると考えられる。しかしながらこうした記録が、場合によっては生みの親の個人情報に関連した内容と捉えられて黒塗りにされ、内容の把握が困難な場合もある。だからこそ開示されることを前提とした記録の取得のあり方や、生みの親の個人情報の保護という理由で記録が開示されない問題を養子の立場から問う必要がある。

また、オープンアドプションが日本では極めて限られていることもあり、子どもによっては、生みの親は生きているのか、どんな人なのか実際に会いたいと思いながら会わない者もいる。実際に会うということについては、一定の年齢以降にすべきという考え方もあるが、そう思ったときに会うべきであるという考え方もある。

このように真実告知やルーツ探しの先に、生みの親等との面会を位置づけることができ、子どもはルーツ探しの過程で自身の多様な思いと向き合い、自己対話することで、生みの親等との面会の準備をしているとも捉えられる。そうした意味で、自身で情報を入手し、ルーツ探しをすることは重要な過程であるかもしれない。もちろんその過程で寄り添い、伴走してくれる支援者は必要であるが、自身でルーツ探しを行いたいという思いと、自身でそうした行動を具体化することが前提といえよう。

終章　里親・特別養子縁組のこれから

子どもの意見表明権の保障

本章では、これまで論じてきた内容を踏まえ、里親や養子縁組を推進する上での課題について取り上げたい。

2016年に改正された児童福祉法により、すべての国民は、子どもの意見が尊重されるよう努めなければならないことが明記された。子どもは意見表明権を行使する主体として、意見、意向、思い、気持ちを表明する機会が確保されなければならない。また、潜在化した意向等を表明できるよう側面的に支えられる必要がある。このような過程を踏まず、「子どもは未熟だから支援者が子どもの措置や支援のあり方を決定する」という父権主義的（パターナリスティック）な考え方は、子どもに対する差別（アダルティズム）として捉えられることもある。

里親や養子縁組家庭への委託といった子どもの人生に大きな影響を与える決定過程において、子どもが思いを伝える、あるいはそうした決定の場に子ども自らが参画することは、子どもの権利として考慮される必要がある。

草津《くさつ》市里親会会長を務めた黒川玉英《くろかわたまえ》さんは、以下のように述べている（滋賀県里親連合会の広報誌、季刊『里親だより』第91号〔令和3年秋号〕）。

以前、一時保護委託中の15歳の言った「俺のことなのに俺がいないところで決めないでほしい」という言葉を何かにつけて思い出します。子どもの声を聴くことは子どもの人権を守ることであり、子どもは意見の表明ができることで、無力感や、大人や社会に対する不信感を募らせずに成長していくことができます。置かれた状況に対して自分が関与しないところで、「貴方《あなた》のためにそうした」と主張されるほど屈辱的なことはないのです。親が使う場合にも公権力が使う場合にも「子どものために」ほど胡散臭《うさんくさ》い言葉はないと思っています。子どもの気持ちや、児童福祉の枠を外れた後まで続く影響を考えて使われることは少なく、時として大人の側の都合や保身の目的の盾として使われるものだからです。子どもの意見が反映された結果であれば、その後に起きたことに対しても多かれ少なかれ本人が納得することができます。社会的養護において、当事者である子どもの意見表明権の保障は必須事項で、滋賀県において待ったなしで取り組まれなくてはならない課題です。

「子どものために」ということばが付けられると、不当なことが正当化されることもある。黒川さんが指摘するように、そうしたことばを表現する前提として、子どもの意見、意向、あるいは気持ちをまず聞くことが、必要不可欠である。その上でともに決定するという過程そのものに大きな意義があるといえる。

施設や里親家庭で暮らした経験のあるちひろさん（仮名）も、それまでの人生を振り返って「自分の人生に自分がいなかった」と表現している。子どもが安心して日々を過ごすためには、先述の通り、自身の人生に関わることを決定する場に自らが参画し、自身の意見や意向等を表明する機会が必要不可欠である。しかしちひろさんには、そうした機会が保障されず、蚊帳《かや》の外状態だったと振り返り、そう表現したのである。

4歳のときに児童相談所に一時保護され、里親家庭に委託された高校2年生の隼人《はやと》さん（仮名）は、何も説明されずに実家庭から引き離され、非常に不安だった気持ちを語ってくれた。子どもの発達や年齢に応じた説明が、幼児期の子どもにとっても重要なことである。

アメリカのワシントン州では、里親などへの措置について検討する「家族の意思決定ミーティング（Family Team Decision-Making Meeting）」には、12歳以上の子どもは出席することとされている。またアドボケイトも用意され、自身が選んだ人をこのミーティングに招待できる。ミーティングには子どものほかにソーシャルワーカー（社会福祉支援を行う専門職）、親、弁護士、親族、友人、支援者などが参加し、トレーニングを受けたファシリテーター（準備・進行役）がミーティングの開催準備や当日の進行を担う。日本でも一部の児童相談所においてこうしたミーティングが開催されてきたが、まだ数は少ない。子どもが家庭内の状況や自身の今後について理解し、自身の意向や気持ちを伝える対話の場を用意することは、子どもの最善の利益を具体化する上で必要不可欠であるといえよう。

子どもの永続的な暮らしの保障

子どもが永続的に安心して暮らすためには、心理的にも法律的にも安定し、かつできるだけ一貫した主たる養育者との関係のもとで暮らすことが望ましいとする考え方がある。生みの親から分離された子どもがそうした環境で暮らすための支援計画の作成と、その実行に向けた最大限の努力が社会的に求められる。

日本では、国連による「子どもの代替養育に関するガイドライン」を参考に、日本政府の検討会が作成した報告書（「新しい社会的養育ビジョン」、２０１７年）で、親子分離された子どもへの対応について、以下の①から⑥に示す優先順位を提示した。

①家庭復帰に向けた最大限の努力
②親族・知人による養育（親族里親、親族・知人による養育里親、里親制度に基づかない親族・知人による養育、親族・知人による養子縁組）
③非親族による特別養子縁組
④非親族による普通養子縁組

⑤長期里親・ファミリーホーム
⑥施設養護

まず①に示すように子どもと実家族との生活を最大限に支援し、それでも生みの親との暮らしに無理がある場合には、子どもにとって身近な関係にある②での養育を模索し、それに無理がある場合は③以降の順位によって子どもの措置が検討されることが望ましいとされている。

また、国の通知である「児童相談所運営指針」においても、まずは家庭復帰に向けた努力を最大限に行う必要があり、それが困難と判断された場合は、親族・知人による養育、さらには特別養子縁組を検討し、これらが子どもにとって適当でないと判断された場合には、里親等への委託や児童福祉施設等への措置を検討するとしている。

さらに里親等への委託や児童福祉施設等への措置を行った場合においても、家庭復帰を見据えた親子関係再構築支援を行い、併せて管外の児童相談所や養子縁組民間あっせん機関との連携を含め、養親の確保などに継続的に取り組むことと記載されている。すなわち里親養育や施設養護はあくまでも一時的養育の場であり、家庭復帰が困難な場合、身近な関係のある養育者あるいは養子縁組による永続的な家庭が望ましいとされている。

しかしながら実際の現場では、こうした優先順位で措置を検討するようにはなっていない。

日本とイギリスやアメリカとの最も大きな相違は、基本的にイギリスやアメリカでは司法の判断により、措置期間を有期限化し、支援内容や支援計画を第三者（裁判所）が審理する機会が確保されていることである。アメリカの多くの州では子どもの措置に少年裁判所が関与し、数か月おきにケースの再検討を行い、里親委託や施設措置から18か月が経過した段階で子どもの永続的な居住場所についての審理が行われる。18か月という期間をさらに短縮化している州もある。日本では親子分離された場合、第三者が措置のあり方を審理することはなく、結局家庭復帰や養子縁組の機会を失い、里親や児童養護施設等で長期間生活する子どもも少なくない。

またイギリスやアメリカでは、親から分離され保護が必要な子どもたちは、里親に委託されることが定着している。できるだけ子どもが家庭で育つよう配慮され、施設養護は高度なケアが必要な10代の子どもたちに、短期間提供される傾向にある。司法の目によって子どもの措置のあり方が審理され、子どもの保護機関には施設養護を要する理由の説明責任がある。

日本では家庭養育優先の原則が実践レベルにおいては定着しておらず、里親委託の対象が限定される傾向にある。また親権者の同意が得られないことが、里親委託が進まない要因として挙げられてきたが、それは親権者にその必要性を理解してもらうための児童相談所による説明や方法の問題であり、子どもの最善の利益を考慮した上で親権者の意に反した措置を行うことに消極的であるという実践上の問題である。里親委託率が高い諸外国では、理念の徹底と措置の司法判断により、子どもの最善の利益という観点から、生みの親の同意がない里親委託や養子縁組が積極的に活用されている。

里親と異なり、法的に安定した養子縁組は、子どもの家庭への帰属意識をより高め、自尊心の向上につながるとともに、養育者による永続的支援をより確実なものとする。子どもにとって重要なことは、家庭環境を提供されるだけではなく、法的により安定した親子関係を提供されることであるといえる。

「児童相談所運営指針」には、「実方《じつかた》の父母が、養育の見込みがないにもかかわらず、特別養子縁組に同意しない場合やその意思がたびたび変わる場合、意思を示さない場合などには、児童相談所長の申立てによる特別養子適格の確認の申立てを検討すること」や、「子どもが18歳になった時点においても親子関係再構築が達成される見込みが極めて低い場合には、援助方針を検討する項目の一つとして特別養子縁組を積極的に組み入れること」と記載されている。しかし実際には、児童相談所を介し特別養子縁組が成立したケースにおいて、相談開始時の子どもの年齢は出産前や1歳未満が多くを占め、縁組される子どもたちの年齢は極めて限定されている。より年齢の高い子どもも視野に入れた特別養子縁組についても検討する必要はあるだろう。

委託に向けた体制の充実

養子縁組や里親委託に対応する児童相談所は、子どもに関するあらゆる相談に応じる機関である。非行、障がい、不登校、虐待、しつけなど、多様な問題に対応している。そうした機能を展開するにもかかわらず、児童相談所の職員体制や職員確保・育成が不十分で、虐待対応を中心に批判の矢面に立たされ、近年そのあり方が大きく問われるようになってきた。1990年代に子どもへの虐待が顕在化し、ようやく2000年にいわゆる「児童虐待防止法」が施行され、法整備が進展してきた。それに呼応し、児童相談所における虐待相談対応件数は急増した。さらに子どもの虐待死事例が相次ぐ中で、その対応の不十分さが指摘され、子どもの安全を重視した介入が強化されてきた。

こうした状況の中で、里親推進に向けた体制も大きな課題となり、近年その体制も徐々に強化されてきた。里親委託前から委託後の一連の業務過程は、施設措置に比べ時間や労力を要し、たとえば委託後の児童相談所職員等の訪問頻度も高い。そうしたことが委託推進の阻害要因となってきた。だからこそ、里親委託に対応する部署に専任の職員を配置し、里親委託前から委託後の支援・養子縁組後の支援に至る一連の過程に対応するための体制づくりがなされてきた。

しかし、実際にこのような担当部署に配置されている専任の職員は少数であり、専任の職員が配置されていない児童相談所さえ存在する。また、乳児院や児童養護施設にも里親支援専門相談員の配置を行い、児童相談所とは異なる立場から支援を行うようになり、民間の支援機関にも支援者が配置されてきたが、それらの調整に時間や労力を要することもある。里親当事者からは支援者が分散していて混乱するとの声さえ聞かれる。「チーム養育」が強調されるようになってきたが、その根底に支援者に対する里親の信頼が欠如している、里親家庭への訪問支援に終始し、子どもの専門的ケアや養育支援が不足している、あるいは里親委託のニーズに呼応した支援が提供できていない、という指摘もなされてきた。

特別養子縁組に関しては、1児童相談所あたりの単年度の縁組成立件数の平均は1〜2件である。こうした件数の少なさや職員の異動等により、職員が縁組成立に向けた経験やノウハウを積むことが困難な実態が、縁組への取り組みを阻害している。

また養子縁組に関しては、児童相談所のみならず民間機関も関与しており、その実践のあり方も課題であった。政府は特別養子縁組の実践手続きの適正化に着手し、いわゆる「民間養子縁組あっせん法」の制定や機関設置に関する許可制の導入、それに伴う法令等の制定がなされ、さらに民間機関への第三者評価も導入された。しかし実践の質の向上やその維持には専門性を有した職員体制が要《かなめ》となるが、養子縁組民間あっせん機関に対する恒常的な財政支援が手薄なため、人材確保や育成が困難な状況にある。財政的には主に養親希望者が支払う手数料により運営され、児童相談所とは異なり養親希望者は手数料を支払わなければならない。国は養親希望者手数料負担軽減事業を実施しているが、実際に導入している自治体数は極めて少ない。

過去には里親委託が相対的に低調な理由として、血縁を重んじる日本文化の問題や住宅事情の問題などが指摘されてきた。しかしながら、同じ日本の中でも自治体間に委託率の格差が存在し、各自治体の取り組み体制の違いが大きく影響を及ぼしていることが明らかとなっている。自治体における意識改革と、それに伴う体制の充実に向けた取り組みが重要といえる。

里親と支援者との信頼関係形成

家庭の弱さやリスクを緩和する観点から、国の通知である「里親及びファミリーホーム養育指針」では、養育者（里親等）が「自らの養育を「ひらき」、社会と「つながる」必要がある」とされ、「養育に関してSOSを出せることは、養育者としての力量の一部である」と記載されている。援助や支援を受ける受援力の重要性は、近年特に強調されているところである。家庭のもつリスクを制御し、その強みを発揮するためには、社会的な支援とのつながりが必要不可欠である。

しかしながら、元里親の斎藤《さいとう》さん（仮名）は、実子の養育経験や、支援する立場での勤務経験があるからこそ、里親として支援を受けることや、自身の悩みを相談することができなかった。養育経験者、養育の専門家、長年里親として活躍してきたからこそ、受援力が弱く低下しているということもあろう。斎藤さんは「子育て経験があるから大丈夫」と思われ、援助職の経験もあるので「困っている」と言いづらかった。「相談を受ける側の人が支援を受ける側に回ったら辛い」。里親であった当時をそう振り返る。

近年こうした点も考慮し、養育者がチーム意識をもって自らの養育を「ひらき」、外部の支援者と「つながる」体制が提言され、「チーム養育」が進められている。そうした体制においては、チーム構成員との信頼関係の構築は必要不可欠である。

ところが近年、委託された子どもを児童相談所によって不当に引き上げられたという里親からの訴えが増加している。子どもの委託の権限を有する児童相談所と里親との関係は、これまでも長きにわたってその難しさについて論じられてきた。しかし、児童相談所以外の支援機関や支援者が関与し、その関係形成の仲介的役割を担っている場合もあり、改善はされている。今後子どもの委託を解除せざるを得ない場合であっても、里親も納得のいく措置変更のあり方、子どもとの別れ方、場合によってはその後の相互のつながり方等について、子どもの立場を最優先に検討する必要があろう。

東京都は里親養育専門相談事業（里親子のサポートネット）をはじめ、チーム養育の中で調整できなかった課題や疑問について、専門相談員が第三者の立場から調整する相談窓口を設置した。しかし本来は普段の対話により相互の理解を深めて、こうした事態に行き着くことを予防するべきだろう。里親も「チームの一員としてともに子どもを養育している」という意識を児童相談所などの支援者と共有するには、どういった体制や支援が必要なのか、委託当初から話し合いの場をもち、思いを理解し合うことが必要ではないだろうか。チーム養育の前提となる委託機関と里親との信頼関係がうまく構築されておらず、結局子どもの利益を損ねている面もある。里親が自身の思いを尊重されているという実感をもてる養育支援体制が、まずは大切であろう。

養育観と養育の社会化

養育を「ひらき」、社会と「つながる」重要性について強調してきたが、こうした養育のあり方は、「養育の社会化」と捉えられる。養育の社会化とは、当該家庭以外の者が養育の一部を担うという養育機能の外部化や共有化を意味する。里親家庭や養子縁組家庭に養育を任せきりにせず、家庭外の者と養育を共有するという意識や体制は、子どもの成長にとっても必要不可欠である。

これまで里親や養子縁組における養育に関しては、主たる養育者（里親・養親）と子どもとの関係を中心に論じられ、子どもの成長・発達のために、委託当初の一定期間は少なくとも一人の養育者が育児に専念することが要請されてきた。同じ人によって養育される日々の積み重ねが、アタッチメント（愛着）関係形成上では必要不可欠であり、そうした養育者への信頼関係が、社会への信頼の基礎になると考えられている。

このような考え方は里親や養子縁組養育に大きな影響を及ぼしている。母子関係の形成を基盤に据え、その関係性が人間関係の基礎となり、それが十分に形成されるまではその関係形成に母親が専念しなければならないという考え方である。これは階層的組織化モデル論と呼ばれている。

一方、現在では統合的組織化モデル論という考え方も提示されている。より広い文脈で子どもの発達を捉え、子どもは誕生時から母親を含むさまざまな人物から成るネットワークの中で、複数の養育関係を同時に形成しながら育つという考え方だ。

太古から養育は地域で共有されてきた。こうした歴史を踏まえると、階層的組織化モデル論には無理がある。階層的組織化モデル論の考え方は、母親など特別な対象者の影響を前提とするが、統合的組織化モデル論は、母親以外の対象者も対等に影響すると考え、いくつかの養育関係を統合してアタッチメント関係を形成するという見解に基づいている。母子関係という二者だけを問題にする枠を超える必要性や、アタッチメント形成を乳幼児期に限定せず、生涯を通して形成されるという見解が示されてきた。

しかしながら、養育関係を母子という二者関係に限定する階層的組織化モデル論がもつ強力な信念に阻まれて、養育の社会化が進展しない現状がある。里親養育は「育てなおし」という言い回しを使い、そうした養育観をさらに強める傾向がある。一般の子育て支援においても日本では主たる養育者を支援し、養育の実際を主たる養育者に委ねることを前提に、子育て支援が行われる傾向にあった。したがって子育て支援の中核には親支援が位置づけられ、子どもへの直接的な養育支援は緊急支援として捉えられがちであった。それは里親養育についても同様であり、レスパイトケアのような養育支援には慎重である。

ある程度の個別的かつ一貫した関係形成が保障される保育所、ベビーシッター、レスパイトケア等の利用は、十分に子どもの成長・発達を促す資源になり得ると考えられる。レスパイトケアは里親の休息という側面だけではなく、子どもの発達促進、子どものアタッチメント形成を促進する養育支援としての可能性のあるサービスである。レスパイトケアということばを子どもの立場から捉え直し、より里親が活用しやすいサービスとする必要がある。

複数の養育者体制の必要性

これまで述べてきたように、統合的組織化モデル論に立てば、子どもは複数の養育者との関係を統合しながら、アタッチメントを形成し成長・発達する。もし、アタッチメント対象が母親だけであり、他に持続的に子どもの養育に関わる大人がいない場合には、母親との分離時に、ストレスを緩和してくれる大人がいないことになり、子どもの苦痛は大きくなる。一方、たとえば、父親、母親、祖父母、保育士などの複数の大人が持続的に子どもの養育に関わっている場合、子どもは複数のアタッチメント対象をもつことになる。その場合、アタッチメント対象の一人からの分離や喪失を経験しても、他の人物の存在が分離や喪失への反応を緩和することになる。すなわち、母親以外にもアタッチメント対象がいれば、子どもはその母親以外の者を「安全基地」として利用できる。こうしたことからも、複数の大人とのアタッチメント形成が子どもの成長・発達にとって重要なことといえる。

筆者が知る里親家庭は、委託当初からレスパイトケアや保育所を積極的に活用していた。4歳で委託された子どもにレスパイトケアについてよく説明し、ときには少々渋る子どもを説得して送り出すこともあった。子どもは実家庭で深刻なネグレクトを受けており、その後の養育の中で身体的虐待も受けていたことが明らかとなり、アタッチメント形成に深刻な課題を抱えていた。

その里親家庭は、児童相談所の里親担当や市の支援者にも恵まれ、里親自身も参加して会議が開催されるようになってから、公的養育者であることを意識するようになった。会議を通して、里親だけで育てるのではなく、養育を共有する必要性を実感し、積極的に周りの力を借りるという意識が形成された。子どもにとって「世界は安全で、自分は愛されて守られるべき存在だ」と実感することは、発達の土台であり、その土台は里親が単独で与えられるものではなく、多くの人たちのチーム力が必要であった。過酷な環境で育ったがゆえに生きづらさを抱える子どもの成長・発達が、委託当初から複数の養育者によって促された事例といえる。

今後、里親や養子縁組を推進する上で重要なのは、ある程度一貫した複数の養育の担い手を委託当初から確保し、提供することではないだろうか。しかしながら現実的にそうした支援を十分に提供できない状況、および先に述べた養育観により、養育を全面的に家庭に依存している状況が存在する。

海外における複数養育体制例

里親や養親の個人の力量だけに頼るのではなく、家庭外の複数の支援者による養育体制を整備することで、家庭養育のリスクを軽減し、子どもの安全かつ安心な暮らしが可能となる。

そうした例の一つとして、里親委託率が相対的に高い諸外国において導入されているモッキンバード・ファミリーモデルが挙げられる。このファミリーモデルは里親同士の相互支援モデルであり、疑似拡大家族の形成を社会的に具体化する養育モデルである。簡潔に述べると、6〜10組の里親家庭がネットワークを組み、子どもを受託していない中核となるベテランの元里親家庭はレスパイトケアや相談支援を提供し、行事や会議の実施拠点にもなる。

このファミリーモデルに関するマニュアルには「積極的な子どもの保護(Active Child Protection)」という考え方が提示されており、それは「子どもの安全やウェルビーイングに貢献する複数の大人と肯定的かつ信頼できる関係をもつこと」であると述べられている。ウェルビーイング(well-being)とは、身体的・精神的・社会的に良好な状態にあることを意味する概念である。子どもたちは自身の里親以外の複数の他の里親とも関わりをもち、子ども同士でも行事や食事会を通してつながりをもち、孤立化の予防が図られている。

育ちづらい環境で育ち、生きづらさを抱える子どもたちだからこそ、複数の養育者が必要であり、そうした支援的環境のもとで気遣われる体験を積み重ねることで、子どもの自尊心の回復が可能となる。それが子どもと里親の肯定的関係形成を促す。里親子関係に不調が起きた場合は、同じネットワーク内で措置変更されることもある。子どもが家出先としてネットワーク内の里親家庭を活用することもある。こうした子どもの逃げ場の確保は非常に重要であろう。

第4章（76～86頁）で里親家庭において逆境的生活を強いられた悟さんや睦美さんの例を取り上げたが、もしこのシステムが日本にもあれば、他の里親家庭に逃げる、あるいは助けを求めることができたかもしれない。また養育の実態が周囲にも見えやすく、不適切な成育環境の発生を予防できたかもしれない。リスクを抱える家庭ほど孤立化傾向にあるのは里親家庭でも同じであり、里親の意向に任せた支援には限界がある。モッキンバード・ファミリーモデルのように複数の里親の主体性を活かしたシステムは、子どもの安定した措置に貢献するといえよう。

社会的親の創造

児童相談所が受理する虐待相談対応件数の大部分は、子どもを親から引き離さずに在宅のまま支援し、その実質的支援を市区町村が担う状況にある。日本においては子ども人口に占める社会的養護（乳児院・児童養護施設・里親等）で生活する子どもの割合が、欧米・オセアニア先進諸国に比較して低いことから、本来社会的養護に措置すべき子どもが在宅で生活している可能性について指摘されてきた。当然ながら継続的な親子分離は極力回避し、何らかの社会的支援を受けながらの親子一緒の生活が望ましい。そのためには基礎自治体である市区町村における支援体制を充実させる必要がある。

在宅の子どもたちが不適切な環境下で放置されるのを予防するために、市区町村は親を支援するとともに、複数で養育できる体制づくりの一環として「社会的親」を具体化することも求められる。たとえばフランスのパリを中心に展開されている半里親《はんさとおや》（Parrains par Mille＝千人の里親）活動はその一例として挙げられる。半里親とは、生みの親と暮らしながら要支援状況にある子どもたちを対象とした、一貫した週末里親である。日本の週末里親は施設入所中の子どもたちに提供されているが、パリでは在宅の子どもたちに提供されている。半里親は、いわば日本におけるショートステイ（施設や里親が短期間、子どもを預かる制度）に継続性をもたせ、定期的かつ断続的に一定の大人が子どもを支援する社会的親といえる。

半里親は、家庭において適切な配慮や気遣いがなされず、放置傾向にある子どもに対し、一定の余裕のある者が生みの親の承諾を得た上で、子どもを自宅に迎え入れ、時間をともにする支援である。子どもは他人の家庭で配慮され気遣われる体験の積み重ねにより、前向きに生きる意欲を促すことが実証されている。また子どもにとって他の家庭での生活を通して自身の家族観を相対化でき、その修正が可能となる。半里親の担い手は単身者を含め一定の研修を受講した者である。

現在日本で求められている里親は、ハードルが高く感じられ、距離を感じる人もいるだろう。半里親やショートステイなど多様な社会的親の存在が、いわば「満里親《まんさとおや》」との距離を縮め、担い手の裾野を広げることとなろう。

こうした社会的親の創造は市区町村単位で模索し、市民を含めて考え、具体化することが必要である。身近な地域で預ける体験や預かる体験を積み重ねることは、社会的養育意識の醸成を促すともいえよう。

これからの取り組み

今後の里親や特別養子縁組の推進に向けた取り組みに関しては、大きく三つに分けて考えることができる。まず一つ目は制度の啓発、二つ目は養育支援体制の充実、三つ目は育ちづらさを抱えた子どもたちへの専門的な支援についてである。

一つ目に関しては、これまで不特定多数に向けた里親制度の普及を目的とした啓発活動が主であった。そうしたターゲットを定めない啓発活動と同時に、ターゲットを定めた活動も今後必要である。ターゲットの絞り方として大きく3点考えられる。すなわち①里親候補者、②子どものニーズ、③啓発活動の対象とする地域、である。

①については、若年層の拡大に向けて30代、40代をターゲットにすることが考えられる。たとえば、第1子がいるが、第2子の出産が困難な方などである。また、定年退職後の第二

の人生を考えている人たちなどに啓発対象を絞り、普及のための啓発活動のあり方を検討する必要もあろう。

②については、しばしば障がいや疾病のある子どもたちへの特別なケアの必要性から、乳児院の意義が語られることがある。一方で、特殊なニーズを抱える子どもだからこそ、家庭養育が保障される必要があるともいえるが、現在の各地域における支援体制では限界はあろう。里親委託率が相対的に高い国では、障がい児・医療的ケア児に特化した里親委託機関が存在する。日本においても障がい児施設がそのような機能を担い、支援を提供することも考えられる。こうした支援体制を確保した上で、子どもの障がいなどのニーズに特化した里親候補者を模索する必要もあろう。

③については、要保護児童数の地域的偏在を踏まえ、住み慣れた地域での生活の継続ができるだけ可能となるよう、ある地域にターゲットを絞った普及活動について検討することも考えられる。

二つ目の養育支援体制についてであるが、日本では里親への相談支援に終始し、子どもの養育を全面的に託すという構図でもって子どもが委託される状況にある。子どもの養育支援という視点の希薄化や、養育に関する具体的サービスの不足等により、里親が養育のすべてを担わなければならない傾向にある。

国が示す「フォスタリング機関（里親養育包括支援機関）及びその業務に関するガイドライン」は、これまで指摘してきたように、里親個人が責任と負担を一身に負わず、子どもに対して重層的なケアを提供するためには、里親と里親支援機関や児童相談所等とがチームを組みながらの里親養育が重要であるとしている。また、状況によっては生みの親を含めた養育チーム形成も考えられる。チーム編成および意思決定への関与が里親・生みの親双方の積極性を促す。養育チームは他機関や施設等との連携や協働を図るため、こうした資源のマネジメントを一貫して委託機関が担う必要がある。子どもの養育支援を中心に考えた場合、子どもの養育上の課題をチームで共有し、場合によっては子どももチームの一員として位置づけ、自らの課題やニーズについて支援者とともに検討することも考えられる。

支援者相互の学び合いによる成長がチーム養育の意義である。「中途養育」においては、里親および子ども双方ともに過度な適応を強いられる場合もある。里親による善意に基づく行為であっても、子どもにとっては不快に感じられることは往々にしてある。相互の歩み寄りや折り合い、妥協が必要な場面も多々あるが、互いに無理を強いられ、不調を招く場合もある。養育者自身が自らの養育観や養育方針を振り返る機会をチームでもつことは、養育者の大きな気付きを促す。

三つ目は、成育歴において被害体験などによりトラウマを抱えた子どもたちへの、専門的な支援を中心とした体制についてである。民間の里親支援機関の職員、児童相談所の心理司や精神科医、地域のクリニック等との連携による支援が考えられるが、現状はそのための体制が十分に確保できていない。本来委託当初から、そのような支援体制をパッケージとして個別に提供できることが望ましい。

里親の岩田《いわた》さん（仮名）は、子どものトラウマ治療のためにさまざまな治療に関する知識を蓄え、子どもに適した治療法を民間のクリニックで受けさせるようになった。その岩田さんは、「日本の心理治療はどれもこれも高額なので、そこは覚悟している。でも、児相の心理司が個々に対応できないのなら、心理治療も経済的に負担してほしいと強く願う」と話していた。本来、児童相談所が子どもへの心理療法を提供したり、それに関する情報を里親に提供し、治療を子どもに提供すべきである。ところが、実際はそのような状況になく、個々の里親の努力に委ねられている。また、その費用も里親負担となっている。心理治療の体制と、その経済的負担のあり方に関して、改善が図られる必要がある。

また近年、児童養護施設、乳児院、児童心理治療施設には、入所児への高度なケアやそうしたケアの地域への提供が求められている。これらの施設では、虐待など深刻な被害体験によりトラウマを抱え、人間関係や日常生活に支障を来《きた》す子どもたちの支援を行っている。施設のそのような支援を里親家庭や養子縁組家庭でも活用できる体制が望まれる。施設機能をチーム養育の中に組み込み、これまで培ってきた実践力を地域の家庭に活かすことは、今後の施設のあり方ともいえよう。

さらに、アメリカのいくつかの州では、子どもやその家族への支援に、ラップアラウンド・アプローチが導入されている。ラップアラウンド・アプローチとは、困難を抱える子どもとその家族を包み込むように、地域で支援ネットワークを作る施策である。地域に存在する支援機関の支援者や当事者家族等がチームを組み、支援者、支援を要する子どもや保護者、その家族や親族、友人、近隣の人々、専門職などが一堂に会し、子どもや保護者のニーズに基づき支援計画を作成して、その計画に基づき支援がなされる。このような施策を里親家庭での養育支援にも応用する州がアメリカには存在する。日本では、市区町村において要保護児童対策地域協議会や、いわゆる「里親応援ミーティング」で、里親養育の支援について検討したりしている。そうした既存の実践を踏まえ、里親養育支援にラップアラウンド・アプローチの導入を検討する余地はあるのではないだろうか。

出自を知る権利保障体制の整備

最後に、子どもの出自を知る権利保障について改めて述べたい。国内動向も踏まえ、里親委託された子どもや養子縁組した子どもの出自を知る権利について、より一層の議論を深めることが望まれる。

第三者が関わる生殖補助医療は、その事実を子どもに告げないことを前提に行われてきた。伝えることが子どもにショックを与え、むしろ傷付けると捉えられる傾向にあった。しかし、後年ふとしたきっかけから自身の出自について真実を知りたいと思い始めた、という子どもの立場に立つ人も現れた。信頼していた親が重大な事実を隠していたと思い、親に対して不信感を抱いたり、アイデンティティの問題などを抱えたりするという当事者の声や、出自を知る権利保障の重要性が世界レベルで強調されるようになったことなどにより認識も変化し、告知の必要性が論じられるようになった。

こうした状況の中で、生殖補助医療技術を用いて第三者から提供された精子や卵子により生まれた子どもの出自情報などを、公的機関を設置して一元的に管理することを求める提案書を、日本産科婦人科学会が2022年2月に政府に提出した。また一般社団法人ドナーリンク・ジャパンが2023年4月に発足し、生殖補助医療によって生まれた人の出自を知る権利保障のために、生まれた人と精子や卵子の提供者を結びつけることを事業として開始した。生殖補助医療で生まれた子どもは、生物学上の親がわからないことで、アイデンティティ喪失に苦しむという問題がある。出自を知ることは基本的な人権であり、自分が何者なのかについて情報を得られる社会が重要との認識を広めるとともに、体質や病気のリスクを知り、近親婚を防ぐことにも役立つとしている。さらに熊本市の慈恵《じけい》病院でのいわゆる「内密出産」（妊婦が身元情報を病院内の担当者にだけに開示して出産する仕組み）についても、子どもの出自を知る権利が大きく関わっている。

養子縁組のみならず、このような子どもたちの出自を知る権利保障について検討することは必要不可欠である。里親や養親の家庭で暮らす子どもたちの出自を知る権利については第6章で述べたが、出自を知る権利とは、決して生物学上の親を知るということだけではない。記録の取得、管理、アクセス、ルーツ探し、生みの親あるいはその親族との再会に至る一連の過程を当事者のニーズに応じて支援する必要がある。

養子縁組に関してはこれまで、記録の管理やアクセス支援について所掌する、公的性格を有する中央機関を創設し、当該中央機関が情報の一元的な管理を行うことが提言されてきた。諸外国では、養子縁組に関する記録は公文書として永続的に管理する価値があるとされ、記録の管理や利用等に関する専門職であるアーキビストが存在し、当事者から養子縁組記録にアクセスしたいという要求があった場合には、アーキビストとソーシャルワーカーが協働してアクセス支援を行っている。出自を知る上で非常に重要である記録の管理や利用等に関して、日本でも専門的な知識を有する職員の育成が必要である。出自を知る権利を公平に保障するため、業務や支援の基準として実務の現場で参照できるガイドラインを作成する必要もある。出自を知るために当事者がアクセスを求める記録には、児童相談所や養子縁組民間あっせん機関で取得し管理される記録の他にも、家庭裁判所が管理する審判書や調査官報告書、自治体が管理する戸籍情報、医療機関や児童福祉施設が管理する診療記録や支援状況などに関する記録等が含まれる。当事者が記録へのアクセスを求めて接触する可能性のある多様な機関との連携体制の構築が重要である。

今後このような支援体制づくりに向け、まずは国内法において出自を知る権利を規定することが必要ではないだろうか。そしてその理念の共有を通して、あらゆる血縁のない親子関係にある子どもたちの、出自を知る権利保障に向けた検討とその体制づくりが喫緊の課題といえよう。

あとがき

学生時代、里親に委託された子どもたちのキャンプにボランティアとして参加する機会を得た。そこでの子どもたちとの出会いを通して、里親に関心をもつようになった。それ以降、社会的養護の現場をフィールドに据え、主に里親や養子縁組に関した調査研究に取り組んできた。

大学に勤務してからは、できる限り現場の生の声に触れ、それを学生にわかりやすく伝えることを長年の課題としてきた。中公新書編集部の田中正敏氏から、大学入学前の学生でも読めるぐらいわかりやすく里親や養子縁組制度について執筆してみないかというお話をいただき、自身がこれまで培ってきた経験を見える化する好機だと思い、挑戦してみることにした。折しも勤務先の日本女子大学のご配慮により、1年間の研究専念期間を得ることができた。本書の完成を一つの目標とし、執筆に時間をかけることができた。

執筆作業に際しては、田中氏とその後任の並木光晴氏の適切な助言が、自身の大きな学びとなった。学術書ではなく具体的なエピソードなどを活用した入門書を心がけたが、それを十分に具体化できたかは心もとない。お二人の助言により、自身の文体の問題や、一般向けにわかりやすく執筆することの重要性を認識でき、不十分ではあるがどうにか仕上げることができた。お二人から視点の異なる指摘をいただけたことは、幸運であったと思っている。なお具体的なエピソードについては、福祉の総合専門誌『月刊福祉』の「My Voice, My Life」という企画で社会的養護生活経験のある当事者のインタビューに長年関与したこともあり、その内容の一部を加工して活用させていただいた。

里親家庭や養子縁組家庭といった、親子に血縁のない中途養育家庭は、社会においてはマイノリティである。しかし家族のあり方の多様化に伴い、そうした家庭への理解も近年促されてきた。一方、自身も里親や養親として貢献するという方はなかなか増えず、里親への委託率も停滞傾向にある。長年里親をやってこられたある方は、近年政府の検討会が出した報告書における里親委託推進に向けた提言や、児童福祉法改正による家庭養育優先原則の徹底などにより、里親家庭への委託児の増加を期待していたが、その停滞状況に危機感を覚え、政府や政治家に働きかけ、現状の打破に向けて同志とともに取り組んでいる。

ただ里親や養親のなり手を増やし、委託率を増やせばいいわけではなく、現在そうした家庭で生活する子どもたちの暮らしが安全かつ安心なものとなるよう、社会的支援のあり方を問うことが、何よりも重要である。本書でもたびたび言及したように、家庭における養育には強みだけではなく、弱みやリスクもあり、里親家庭や養子縁組家庭において逆境的な暮らしを強いられている子どもたちが、少数ではあるが存在する。家庭の重要性や親の責任が強調される中で、地域社会の中で育つということが困難となり、家庭養育のリスクを高めている面もあるのではないだろうか。

子どもが家庭で安全かつ安心に暮らすには、家庭以外の多様な居場所や、育つ場が必要である。家庭養育の社会化が何よりも考慮され、親責任だけではなく、社会責任が問われなければならない。しかしながら近年親責任や家庭責任が強調され、そうした風潮が、家庭での子どもの安全や安心を脅かしているように感じられることもある。里親家庭や養子縁組家庭における子どもの養育のあり方を問う上で、そうした実情を踏まえ、家庭養育を家庭で完結させないための多様な支援のあり方が問われなければならないといえよう。

2024年9月

林　浩康

図版作成　ケー・アイ・プランニング

林 浩康（はやし・ひろやす）

1961年（昭和36年），大阪府に生まれる．北海道大学大学院教育学専攻後期博士課程修了．博士（教育学）．北星学園大学助教授，東洋大学教授などを経て，現在，日本女子大学人間社会学部社会福祉学科教授．専門分野は社会福祉学．『児童養護施策の動向と自立支援・家族支援』（中央法規出版），『子ども虐待時代の新たな家族支援』（明石書店），『子どもと福祉』（福村出版）などの著書がある．

里親《さとおや》と特別養子縁組《とくべつようしえんぐみ》
中公新書 *2826*

2024年10月25日発行

著 者 林 浩康
発行者 安部順一

本文印刷 暁印刷
カバー印刷 大熊整美堂
製 本 小泉製本

発行所 中央公論新社
〒100-8152
東京都千代田区大手町1-7-1
電話 販売 03-5299-1730
　　 編集 03-5299-1830
URL https://www.chuko.co.jp/

Published by CHUOKORON-SHINSHA, INC.
Printed in Japan　ISBN978-4-12-102826-6 C1236

中公新書刊行のことば

いまからちょうど五世紀まえ、グーテンベルクが近代印刷術を発明したとき、書物の大量生産は潜在的可能性を獲得し、いまからちょうど一世紀まえ、世界のおもな文明国で義務教育制度が採用されたとき、書物の大量需要の潜在性が形成された。この二つの潜在性がはげしく現実化したのが現代である。

いまや、書物によって視野を拡大し、変りゆく世界に豊かに対応しようとする強い要求を私たちは抑えることができない。この要求にこたえる義務を、今日の書物は背負っている。だが、その義務は、たんに専門的知識の通俗化をはかることによって果たされるものでもなく、通俗的好奇心にうったえて、いたずらに発行部数の巨大さを誇ることによって果たされるものでもない。現代を真摯に生きようとする読者に、真に知るに価いする知識だけを選びだして提供すること、これが中公新書の最大の目標である。

私たちは、知識として錯覚しているものによってしばしば動かされ、裏切られる。私たちは、作為によってあたえられた知識のうえに生きることがあまりに多く、ゆるぎない事実を通して思索することがあまりにすくない。中公新書が、その一貫した特色として自らに課すものは、この事実のみの持つ無条件の説得力を発揮させることである。現代にあらたな意味を投げかけるべく待機している過去の歴史的事実もまた、中公新書によって数多く発掘されるであろう。

中公新書は、現代を自らの眼で見つめようとする、逞しい知的な読者の活力となることを欲している。

一九六二年一一月

心理・精神医学

c 1

社会・生活

教育・家庭

2747 戦後教育史 小国喜弘
2477 日本の公教育 中澤渉
2218 特別支援教育 柘植雅義
2635 文部科学省 青木栄一
2004 2005 大学の誕生（上下） 天野郁夫
2424 帝国大学―近代日本のエリート育成装置 天野郁夫
2821 在野と独学の近代 志村真幸
1249 大衆教育社会のゆくえ 苅谷剛彦
2006 教育と平等 苅谷剛彦
1704 教養主義の没落 竹内洋
1984 日本の子どもと自尊心 佐藤淑子
416 ミュンヘンの小学生 子安美知子
2066 いじめとは何か 森田洋司
2549 海外で研究者になる 増田直紀

医学・医療

q1